哈佛极简日本史

［美］阿尔伯特·克雷格
ALBERT M. CRAIG

著

景苍

译

THE HERITAGE OF
JAPANESE CIVILIZATION

中国出版集团 现代出版社

版权登记号：01-2020-0820

图书在版编目（CIP）数据

哈佛极简日本史 /（美）阿尔伯特·克雷格著；景苍译. —北京：现代出版社，2020.6
ISBN 978-7-5143-8298-3

Ⅰ. ①哈… Ⅱ. ①阿… ②景… Ⅲ. ①日本—历史—通俗读物 Ⅳ. ①K313.09

中国版本图书馆 CIP 数据核字（2019）第 280539 号

哈佛极简日本史

作　　者：〔美〕阿尔伯特·克雷格
译　　者：景　苍
责任编辑：张　霆　姚冬霞
出版发行：现代出版社
通信地址：北京市安定门外安华里 504 号
邮政编码：100011
电　　话：010-64267325　64245264（传真）
网　　址：www.1980xd.com
电子邮箱：xiandai@vip.sina.com
印　　刷：北京瑞禾彩色印刷有限公司

开　　本：880mm×1230mm　1/32
印　　张：9.75　　　　　　字　　数：180 千
版　　次：2020 年 6 月第 1 版　　印　　次：2020 年 6 月第 1 次印刷
书　　号：ISBN 978-7-5143-8298-3
定　　价：52.00 元

日本的历史经历了三次重大变革，每一次都起步于和先进技术及不同文化的接触。

　　第一次变革后，一个已经存在了数千年的狩猎和采集社会，转型为村民和地方贵族组成的农业与金属加工社会。这一变革始于公元前300年左右，那时东北亚一带的民族从朝鲜半岛渡往日本，带去了崭新的技术及与之相伴的文化。

　　在第二次变革中，日本人积极地汲取中国的技术、书写系统及文化，从尚无文字的社会转变为东亚地区有史可稽的社会。这一社会从7世纪到19世纪之间的发展构成了有记录的日本史中最长的一个时段。

　　19世纪中叶，发生了第三次变革。与西方的大规模接触引发现代工业的快速发展以及对新思想、新价值观的接受。日本转型成为第一个非西方现代国家。

日本在其最长的那个历史时段中发展出独特的东亚文明变体。对这一时段，必须进一步区分为三个时期。首先是奈良和平安京的古典时代，时间从 7 世纪延伸至 12 世纪。其次是中世的武家统治时代，始于 13 世纪，一直持续到 16 世纪。最后则是从 17 世纪到 19 世纪中叶的德川幕府时代。在此和平年代，武家仍居统治地位，但被纳入了德川幕府的中央集权化体制之中。

现代日本虽然与先前的时期相比较为短暂，但也可分为两个阶段：从 19 世纪中期到第二次世界大战结束为第一阶段；从 1945 年到现在则为第二阶段。

本书源出《世界文明的遗产》（*The Heritage of World Civilizations*）一书中关于日本的章节，不过单独出版时做了大量修订，并增加了许多新的材料，此第二版内又添入了新的解说。本书提供了关于日本史的一种时间框架与一种叙述方式。在关注权力更迭的同时，也涉及跨越不同政权时期的社会、经济和文化发展。对于希望概览日本历史并有时间阅读原始文献、研究专著和小说的学生来说，本书的简洁将是一大优点。

既然简洁是目标，对于许多需要持平而论的事物，笔者只好径取坚称了，因为关于适当限制条件的讨论将会占用许多篇幅。在讲述日本往昔的故事时，笔者只突出了最重要的历史变量，但这样做难免忽略了本值得关注的次要主题。此外，完成本书末尾的阅读建议，可以了解与本书说法相对的观点。

地理有助于我们理解日本的历史。日本列岛气候差异很大，在北边的北海道，直到春季仍可能是一派冰天雪地，而在南部的九州，棕榈树点缀着宫崎和鹿儿岛的海岸线。不过，日本的经济、文化和政治中轴线从来都落在从本州西部经大阪和京都到达东部的关东平原和东京的温带之上。同样具有历史重要性的，是几乎纵贯全国的连绵山脊，将日本分割为不同的区域。当中央权力薄弱时，这些地区往往成为独立的政治单位。

即使研究西方——我们自己的文明，对于在中世纪晚期的巴黎做一名商人意味着什么，我们也只能略所窥知而已。至于在中世日本的僧侣或武士心中，家庭、社会和自然是什么样子，那就更加难以理解了。不过，从原始资料中我们仍能瞥见吉光片羽。因此，正文叙述与黑框引文内都插入了许多诗歌、哲理文章和小说段落。这些著作的现场感为我们把握日本历史中各类人物的真实思想和感受提供了窗口。我们发现，一千年前的日本人，有着许多与我们今天相同的希望、恐惧、喜悦和悲伤。尽管人类经验深受不同文化形式和社会制度的形塑，但我们仍能体会到那些相通的感受。

每章的最后一节，将从更广阔的比较视野下对本章内容加以回顾。这种比较指出，类似的过程也会在大相径庭的社会中发生。不过应该留意，这种相似性总是嵌在完全不同的紧密结构之中。每章后面都有"思考"内容，用以阐明本章的主题。

在写这本书时，我汲取了许多优秀的研究成果，但像教科书的一般做法那样，我在学术上的良多受益基本并不会提及。不过，我仍必须在此提及那些给予我特别及私人教益的人，他们的观点我已经全然吸收以当作自己的财产了。

赖世和（Edwin O. Reischauer）先是我的导师，后又是同事；史华慈（Benjamin I. Schwartz）是我初次共同担纲日本近代史课程时的同事。

罗伯特·贝拉（Robert Bellah）、哈罗德·博莱索（Harold Bolitho）、彼得·杜斯（Peter Duus）、斯蒂夫·埃里克森（Steve Ericson）、卡罗尔·格拉克（Carol Gluck）、安德鲁·戈登（Andrew Gordon）、霍华德·希伯特（Howard Hibbett）、入江昭（Akira Iriye）、凯特·中井（Kate

Nakai）、亨利·罗索夫斯基（Henry Rosovsky）、唐纳德·夏夫利（Donald Shively）、威廉·斯蒂尔（William Steele）和傅高义（Ezra Vogel）也都曾与我共同执教。

我还想感谢伊桑·西格尔（Ethan Segal）和亚当·科恩（Adam Kern）对这一版提出的建议。

此外，以下几位的评论也向我提供了宝贵的建议：伊丽莎白城学院（Elizabethtown College）的戴维·L.肯雷（David L.Kenley）、伟谷州立大学（Grand Valley State University）的杰里米·罗宾逊（Jeremy Robinson）、东卡罗来纳大学（East Carolina University）的约翰·A.塔克（John A. Tucker）以及艾奥瓦大学（University of Iowa）的史蒂芬·瓦拉斯托斯（Stephen Vlastos）。

我要特别感谢我的妻子照子·克雷格（Teruko Craig），她不知疲倦地阅读及校对原稿，并提出了宝贵的建议。

阿尔伯特·克雷格

- 全书观点更为清晰、分析更为深入、陈述更为完善。
- 关于早期佛教和德川儒学的部分为读者添加了两种信仰体系的背景介绍（印度和中国）。
- 第一章包括了关于日本列岛先民 DNA 最近发现的讨论。
- 第二章加入了南朝的内容并扩充了涉及女性的部分。
- 第三章对德川幕府早期的政治变化进行了更为完善的分析。
- 第四章扩充了教育、城市化和引入西方思想的部分。
- 第五章，特别是当前时代的内容，几乎完全重写：

  新增了国际关系的部分；

  精简了政治的部分；

  扩充了社会和文化的部分；

  更新了当前日本经济的信息。

第一章

日本历史：从起源到 12 世纪

第三章
德川统治时代

第五章

当代日本

第一章

日本历史：
从起源到 12 世纪

本章提纲

· 开端
· 奈良时代与平安时代的日本
· 贵族文化与佛教
· 历史视角下的早期日本

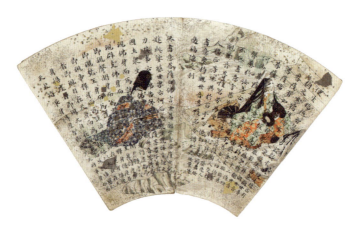

《扇面法华经册子》一帖，12 世纪中期，纸本着色，
纵 25.3 厘米 × 上弦 49.4 厘米 × 下弦 19 厘米。

开端

地球有四十五亿年的历史，亚洲自形成也有十亿年之久。亿万年来，石灰岩、泥沙与盐在亚洲大陆架上不断沉积。距今两亿年前，随着北太平洋和菲律宾板块俯冲到大陆架之下，如今被称为日本的岛链浮上海面。多山的列岛饱受侵蚀，沉积层渐渐消失，只留下了花岗岩被挤压后形成的日本阿尔卑斯山脉。俯冲到大陆架之下的板块相互摩擦带来了火山的喷发，为列岛覆盖上一层火山灰的表面。

弧状的日本列岛与美国的气候带分布相似。在最近数世纪内才成为日本一部分的北海道，冰雪天气可以持续到春季。而在南部的九州岛，棕榈树点缀着鹿儿岛和宫崎的海岸。不过，一直以来，日本的文化、经济和政治中轴线都在温带——从九州北部自西向东经过大阪、京都，再到东京以及关东平原。

历史早期的日本地处偏僻。它远在中国本土以北、东北及朝鲜半岛以东的海上，虽为中国人所知晓，但也仅在历朝史书中有过简略记载，并且其中还混有事实和地理上的不确定。地理位置同样塑造着其后来的历史。纵观整个历史时期，在诺曼人征服英格兰两个世纪之后，更为彪悍的蒙古人却无法征服日本。元军从朝鲜半岛南端出发到达九州西北部的距离，比法国和英国之间的距离多五倍。

但是，日本毕竟还是与大陆比邻而居的。与加拉帕戈斯群岛或新西兰不同，日本没有独特的动植物群。在最后三次冰期中，世界上大部分的水被冻结在两极，海平面下降了三百英尺①。那时的日本同英格兰一样，成为大陆的延伸：黄海成为陆地，而日本海则成为内陆湖泊。在这几次或者更早的冰河时期，大陆动物群进入日本。直到公元前 20000 年，长毛的猛犸象还在北海道游荡。剑齿虎、洞熊、大角鹿和诺氏古菱齿象一路穿过九州、四国和本州。就在公元前 20000 年到 13000 年前最后一次冰期的盛期，克洛维斯人到达了美洲大陆。那么，人类首次进入日本又是什么时候？

绳文文化

日本人对于自身的起源讨论得十分热烈。当一个大规模的史前定居点在本州最北部的青森县被发现时，它成为全日本报纸的头版。书店里成排的书籍都在寻问着：我们是谁，我们来自哪里？其中大多数书颇为畅销，各种猜想比比皆是。

可追溯到公元前 30000 年左右，形状精美的石器是人类在日本居住的最早证据。学者认为这些石器属于某个旧石器时代

---

① 1 英尺 =0.3048 米。——译者注

狩猎和采集文化的一部分，从东北亚传播到日本、库页岛和堪察加半岛，并且到达北美。这种文化可能是在最近的两次冰期中首次进入日本。然而，对于这批最早的居民，除了石器之外，我们知之甚少。由于日本的酸性火山土会腐蚀骨骼，因此没有任何早于公元前 11000 年的骨骼得以遗存。同北美洲的情况相似，这个狩猎和采集社会的建立与巨型史前哺乳动物在日本的消失之间，可能存在相关性。但这仍然只是一种推测。

之后，在大约公元前 10000 年，这一狩猎和采集社会发展出了制陶术。这是世界上最古老的制陶术，比中东任何一处文明都要古老。考古学家对陶器的外观感到困惑，因为其他地方的陶器都是作为农业革命的一部分，为储存农作物而产生的。学者因为陶器的绳索形状与纹样而称这个社会为"绳文"社会。除了纹饰精美的陶罐外，绳文遗址中还发现了令人惊叹的动物和人类土偶。有一些人形土偶的眼部被刻画成雪地护目镜的样子，或许是在描绘女神的形象，然而无人确知。对于绳文社会的宗教，我们毫不知晓。

狩猎、捕鱼和采集只能养活稀少的人口。一位学者将关于前现代日本的各种人口数据称为"捕风捉影中的捕风捉影"，如此而言，绳文时代无疑是捕风捉影至极 [1]。不过，二十万是

---

[1] W. W. Farris, *Japan's Medieval Population* (Honolulu, University of Hawaii Press, 2006), p. 267.

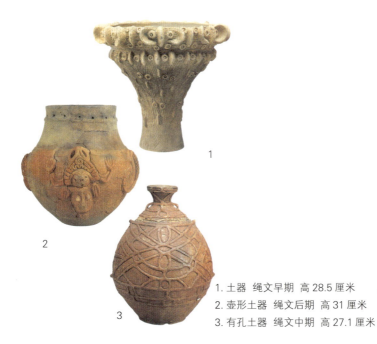

1. 土器　绳文早期　高 28.5 厘米
2. 壶形土器　绳文后期　高 31 厘米
3. 有孔土器　绳文中期　高 27.1 厘米

一个大概的数字，主要集中于日本东部的关东平原。即便在今天，东京的公园有时还能挖掘出绳文陶器的碎片。绳文时代村庄遗址中的垃圾堆里经常见到大量的贝壳。这些遗址的发掘显示，当时的人们住在茅草屋顶的竖穴式住居中。

弥生革命

公元前 300 年左右，第二批来自东北亚的人群开始从朝鲜半岛穿过对马海峡到达日本。他们的移动可能是中国军事扩张以及中国与北方游牧部落之间的战争的结果。这些人被称为弥

"遮光器土偶"
绳文晚期
高 34.5 厘米

土偶
绳文晚期
高 31.7 厘米

生人，因为在东京的弥生首次出土了他们与众不同的淡橙色坚硬陶器。弥生人在语言、外貌以及技术水平上都与绳文人不同。纵观整个日本史，没有比绳文时代与弥生时代之间更大的断裂了，因为在公元前 3 世纪初，青铜器、铁器和农业革命——在近东、印度和中国每一项的出现都相隔数千年，而且每一项都带来了深远变革——同时进入了日本。

没有任何问题，比绳文人和弥生人之间的关系以及他们与现代日本人、朝鲜民族和阿伊努人的关系更为直接地涉及日本人的起源问题（阿伊努人是居住在北海道的人群，直到最近数百年，还在从事狩猎和采集活动）。

中国史家对弥生时代晚期日本的记录

……倭地温暖，冬夏食生菜，皆徒跣。有屋室，父母兄弟卧息异处，以朱丹涂其身体，如中国用粉也。食饮用笾豆，手食。其死，有棺无椁，封土作冢。始死停丧十余日，当时不食肉，丧主哭泣，他人就歌舞饮酒。已葬，举家诣水中澡浴，以如练沐……

……其会同坐起，父子男女无别，人性嗜酒。见大人所敬，但搏手以当跪拜。其人寿考，或百年，或八九十年。其俗，国大人皆四五妇，下户或二三妇。妇人不淫，不妒忌。不盗窃，少诤讼……

……下户与大人相逢道路，逡巡入草。传辞说事，或蹲或跪，两手据地，为之恭敬。对应声曰噫，比如然诺……

……其行来渡海诣中国，恒使一人，不梳头，不去虮虱，衣服垢污，不食肉，不近妇人，如丧人，名之为持衰。若行者吉善，共顾其生口财物。若有疾病，遭暴害，便欲杀之，谓其持衰不谨……

From *Sources of Japanese Tradition*, by Ryusaku Tsunoda, Theodore de Bary, and Donald Keene（eds.）.Copyright © 1958 Columbia University Press. Reprinted with the permission of the publisher.（中文引自《三国志·卷三十·魏书·乌丸鲜卑东夷传第三十》，唯顺序与英文原文有异。——译者注）

体质人类学家很早就注意到，来自九州与西日本——弥生人从朝鲜半岛进入此区域——的弥生文化遗址的人头骨与绳文人的头骨明显不同，并且与今天的日本人更为接近。语言学家注意到日语和韩语语法的惊人相似性（同时也对两种语言词汇的不同感到困惑）。这两种语言必然有着某种关联（哈佛大学有时会向已经懂日语的学生提供专门的韩语速成班，因为后者具有极大的学习优势）。最近，DNA 研究已经更为确定这样的关联，尽管结果仍然是初步的，并且备受争议。

问题在于，弥生人的移入是取代了绳文人，还是与绳文人融合？又或者仅仅是将新技术传播给了岛上基因库仍然主要属于绳文人的人群？对从绳文文化和弥生文化的埋葬遗址中找回的 DNA 进行研究并将其与现代人口的 DNA 进行比较，结果初步表明：（1）现代日本人更接近弥生人与朝鲜民族，而非绳文人。（2）在日本中部人口中发现的绳文人标记基因很少，但在弥生文化流入较慢的遥远的北端和南端地区则相对较多。在那些边远地区，遗传混合更为多发。（3）今天的北海道阿伊努人在基因上接近绳文人，尽管混合了日本人（弥生人）的基因。

弥生文化的传播

早期的弥生移民利用他们从朝鲜半岛渡海而来时相同的桨船，沿九州北部和本州西部的海岸迅速扩散。在一到两个世纪内，弥生文化取代了绳文文化，向东达到京都东北一百英里①，今天名古屋市的所在地。之后，弥生文化经陆路更为缓

---

① 1 英里 =1609.344 米。——译者注

慢且艰难地向东日本扩散。日本的东部气候条件对农业不利，农业—狩猎混合经济持续了更长的时间。

早期弥生人的"边境定居点"位于他们的田地旁边。他们经营着原始的农业：在湿地播撒水稻种子，并使用"刀割火种"的手法清理高地。到公元 1 世纪时，弥生人口已经膨胀到了要为争夺良田而开战的地步。考古挖掘出大量石斧以及被青铜或铁箭头击穿的头骨。一部古老的中国史书^①记载日本由"百余国"组成，相互之间爆发激烈的争战。这些战争将村庄迁移到远离田地的低矮山丘上以便防守。公元 3 世纪和 4 世纪之间，长年的战争催生出更加和平的地域性部落国家秩序，其中统治阶级是贵族战士。弥生时代晚期的发掘揭示出村庄再次回到了农田附近，而且石斧的数量也大幅减少。

公元 3 世纪，在一部分这样相互交战的地域性政权中，一位名叫卑弥呼的女王获得了短暂的霸权。在那部中国史书中，卑弥呼被形容为一名萨满，"事鬼神道，能以妖惑众"。她成年但不婚。

> ……共立为王。侍婢千人，少有见者，唯有男子一人给饮食，传辞语。居处宫室、楼观城栅，皆持兵守卫。法

---

① 根据下文作者指明的引文出处核对，应指《后汉书》。——译者注

俗严峻。[1]

在卑弥呼之后，日本从中国的王朝历史中消失了一个半世纪。

古坟文化，大和政权，以及朝鲜

从古老的弥生文化中直接诞生的是一个以巨型墓冢为特征的时代（公元 300 年至公元 600 年），这些巨大的古坟至今仍星罗棋布在大阪附近的平原之上。早期的古坟仿效朝鲜的墓冢，在巨石搭建的墓室上堆积起圆形的土丘。后来，有些古坟开始呈现出钥匙孔的形状[2]。古坟四周挖有壕沟，坟墓上有时点缀有黏土制的圆柱体及雕像[3]，内容包括战士、马匹、书吏、乐师、房屋、舟船等。早期古坟与在此之前的弥生时代类似，墓葬中包括铜镜、熊爪形珠宝首饰以及其他仪式用品。从公元5 世纪开始，以上物品被盔甲、刀剑、长矛和马具取代，这或许是新一波大陆影响的证据。从公元前 300 年开始，人口、文化和技术就源源不断地从朝鲜半岛流入日本，一直延续到有史

---

[1]　From *Sources of Japanese Tradition*, by Ryusaku Tsunoda, Theodore de Bary, and Donald Keene（eds.）. Copyright © 1958 Columbia University Press. Reprinted with the permission of the publisher.

[2]　日语称前方后圆坟。——译者注

[3]　日语学名为埴轮。——译者注

1.金制垂饰附耳饰　6世纪初　左长14.6厘米　右长6.8厘米
2.金铜制冠帽　6世纪初　高17厘米
3.金铜制鞋　6世纪初　长33厘米

可稽的时代。

到公元5世纪，日本再次在中国历史记录中出现。这一时期的情况也记载在现存最早的日本自己的史书《古事记》（712年编成）与《日本书纪》（720年编成）中。这些历史记载与古坟方面的证据相吻合。结论是当时地方贵族处在大和的"大王"的松散统治之下。历史学家使用地理标签"大和"，是因为大王的宫廷位于日本古代最富裕的农业地区——大和平原。大和的统治者在日本其他地区也拥有土地和屯仓。规模最大的古坟长四百八十六米、高三十六米，是埃及大金字塔体积的两倍，据说是仁德天皇的陵墓。5世纪时，大王拥有的权威已经足以调动能够完成如此工程的巨大人力。

大王向朝廷与地方贵族颁发朝鲜式封号，这些封号表明

1972 年，日本考古学家在奈良县高松冢巨石墓室的内壁上发现了这幅壁画。这座以封土覆盖的坟冢，其历史可以追溯到公元 300 年至公元 680 年之间。这是在日本发现的最精致的墓室画像，与朝鲜半岛和中国墓室中发现的绘画相类似。

1. 士兵埴轮　6 世纪后半期　高 130.5 厘米
2. 船形埴轮　古坟中期　全长 140 厘米
3. 马埴轮　6 世纪前半期　高 85.6 厘米
4. 房屋埴轮　5 世纪　高 48.8 厘米

存在一种以大和朝廷为中心的全国等级制度。地方统治者对其属民拥有类似的政治权威，这可以从古坟在日本各地的传播中得知。

大和贵族社会的基本社会单位是氏，比起现代家庭，规模上与苏格兰的氏族更为接近。附属于这些高贵氏族的是名为"部"的各个职业团体。"部"这一词源于韩国，最初用于指代陶工、书史或其他具有专门才能的移民，后来加以扩展，包括本土的类似手工业人群和农业人群。大和社会存在少量的奴隶，可能是战俘。许多农民既不是奴隶，也非工匠群体。

对于大和时代的政治，从日本早期史书中获得的零星知识告诉我们，朝廷是贵族之间连绵不绝的权力斗争的舞台。虽然建立了联姻之盟并获得了封号，但是在公元 5 世纪至 6 世纪，叛乱并不罕见。大和朝廷还致力于推进对边远地区的控制。这导致了在"文明"日本的边疆地带，朝廷与九州南部和本州东北部的"夷族"战争不断。

与朝鲜半岛的关系对大和朝廷至关重要。在公元 5 世纪至 6 世纪的朝鲜半岛，西南的百济、东部的新罗和北部的高句丽形成了三方的军事平衡。日本是百济的盟友，并与南部的伽耶诸国联盟保持着广泛的贸易和军事联系。学者怀疑这些联系是否存在着共同文化的基础，就像诺曼人治下的英格兰与诺曼底的关系一样。

与百济的关系使大和朝廷有能力在日本本土扩张权力。通过铁制武器和工具的进口，大和政权获得了军事实力。朝鲜地区的陶工、织工、书吏、铁匠和其他工匠移民日本，增加了其财富和影响力。移民的巨大文化意义可以由许多人跻身贵族世家这一事实得到判明。百济也是首批中国文化元素进入日本的通道。在公元 5 世纪或 6 世纪，汉字用来转写日本人的名字。513 年，百济派出了一位"五经博士"，使儒学传入日本。佛教的进入则是在 538 年，当时百济的一位国王送来了佛像、佛经，可能还有一名僧侣。

最终，半岛的政治平衡发生了变化。532 年，百济与日本反目，并同新罗一道进攻伽耶诸国，后者于 562 年遭到吞并。665 年，新罗征服了百济。日本惧怕昔日的敌人新罗跨海入侵，不过入侵最终并未发生。说到底，对于日本而言，因为此时已经与中国建立了直接联系，如果与朝鲜半岛关系破裂发生在更早的时期，所受到的损失将会更大。

早期日本的宗教

大和时期日本的本土宗教是对自然力量的泛灵论崇拜，后来被称为"神道"，用以区别于新来的宗教佛教。神道可能是作为弥生文化的一部分，从大陆传入日本的。早期朝鲜也存在类似的宗教信仰。大自然所蕴含的力量可能表现为一道瀑布、一棵怪树、一块奇石、一座山峰，或者是一位伟大的领袖，在

葛饰北斋所绘《富岳三十六景》之"甲州三岛越"和"五百罗汉寺荣螺堂"

去世后被当作神而受到崇拜。富士山之所以神圣，不是因为那里是神的居所，而是因为此山本身就是自然生命力的上涌。即使在今天的日本，粗糙的树干上也可能有草绳环绕，被人们供为崇拜的对象。更强大的自然力量，如海洋、太阳、风、雷以及闪电，则人格化而为神灵。在日本的艺术和诗歌中弥漫的对自然和自然美的敏感，或许要归功于神道。

幽暗与天之岩户

太阳女神（即天照大御神）的弟弟是一个恶作剧者。众神最终把他赶出了高天原。有一回，他在织衣的机室屋顶上敲出一个洞，然后活剥了一只有斑点的小马的皮，又把它扔进了机室。一位织女过于受惊，以至于让织布机的梭子击中了阴部并因此死去。

考虑到神道众神的社会关系，以下这一神话有什么寓意？在许多民族的宗教中，进入洞穴然后重新出现意味着死亡和重生。这里也是这样吗？

……于是天照大御神惊恐，关闭天之石屋的门，隐藏在里边。高天原立即黑暗，苇原中国（指日本）亦悉幽暗，变成永久之夜。于是恶神的声音如五月蝇似的到处起哄，种种灾祸都起来了。

于是八百万众神聚集于天安之河原，依了高御产巢日神之子思兼神的计画，招集长夜之长鸣鸟使之鸣唱，取天安之河上的天坚石，采天金山的铁，招冶工天津麻罗，使伊斯许理度卖命作镜，使玉祖命作魅力的八尺勾玉的串饰，使天儿屋命布刀玉命取天香山牡鹿的整个肩骨，又取天香山的桦皮，举行占卜，拔取天香山连根的神木，上枝挂着魅力的八尺勾玉的串饰，中枝挂着八尺之镜，下枝挂着青布白布，作为御币，使布刀玉命持币，天儿屋命致祷。又使天手力男命立在岩户的旁边，天宇受卖命以天香山的日影蔓束袖，以葛藤为发鬟，手持天香山的竹叶的束，覆空桶于岩户之外，脚踏作响，恣意舞蹈，壮如神凭，胸乳皆露，裳纽下垂及于阴部。于是高天原震动，八百万众神哄然大笑。

天照大御神觉得诧异，稍开天之岩户从里边说道："我隐居此处，以为高天原自然黑暗，苇原中国也都黑暗了，为甚天宇受卖命还在舞蹈，八百万众神这样欢笑呢？"

于是天宇受卖命回答道："因为有比你更高贵的神到来了，所以大家欢喜笑乐。"这样说着的时候，天儿屋命及布刀玉命举起镜来，给天照大御神看。天照大御神更觉得诧异，略略走出门外来看，隐藏着的天手力男命即握住她的手，拉了出来。布刀玉命急忙将注连挂在后面，说道："以内不得进去。"天照大御神即出岩户，高天原与苇原中国都自然明亮起来了……

From the *Records of Ancient Matters*（*Kojiki*）, translated by Albert Craig, with appreciation to Basil Hall Chamberlain and Donald L. Philippi.（中译引自周作人译《古事记》，上海人民出版社，2015 年。——译者注）

在前近代的日本，大多数村庄里一直都住有萨满——这些神圣之人通过入迷，可以直接接触到自然的内在力量，并获得预测未来或治愈疾病的能力。女王卑弥呼就是这样的萨满。巫女也是古代和中世纪日本物语中的常见人物。在这一传统中，通常是女性接受神的指示，创立"新"的宗教，甚至到了 19 世纪和 20 世纪仍然如此。

早期神道的第二个特性是其与国家以及后部落时代的贵族

《岩户神乐之起显》，歌川国贞绘，居中者为天照大神。

统治者相互关联。每个高贵氏族都可以将其家谱追溯到一位自然神那里，并声称后者是其始祖。族谱是贵族的特权，也是带有政治权威的名号。氏族的首领同时也是氏族的祭主，负责向氏族之神献上祭品。当大和朝廷统一日本时，它将主要氏族的神话结合为一个复合型的全民族神话。太阳女神①是大和大王的祖神，所以她成为主神，而其他氏族神则分列与其所属氏族地位相称的次要位置。假设赢得了斗争的是另一个氏族，那么变得至高无上的大概将是那个氏族的神明——或许会是雷神，就像古希腊那样。

《古事记》和《日本书纪》记载了日本的创造、"高天原"

---

① 《古事记》称为天照大御神，《日本书纪》称为天照大神的那位女神。——译者注

上诸神的活动和恶行及他们偶然下到凡世或阴间的冒险。《古事记》中卷穿插着贵族系谱的诸神故事，让位于关于早期的大王与历史的记载。这些大王与后继的天皇，被视为太阳女神的直系子孙与"现人神（活着的神）"。上代皇族的血统是否确实一脉相承这不为人知，只是史书编纂者如此书写而已。从古至今，伊势神宫内祭祀太阳女神的皇大神宫是日本最重要的圣地。

奈良时代与平安时代的日本

日本历史上的第二个重大转折点是对高度发达的中国文明的吸收。这是早期的"中心地带文明"向周边地区传播这一全球进程的典型案例。在日本，这个过程发生在7世纪和12世纪之间。理解这一过程最好将之划分为三个相互重合的阶段。7世纪，日本学习中国；8世纪，日本将中国的制度移植进来，并在之后加以调整以适应日本的需求；到11世纪，则创造性地改造了中国元素，形成既与中国不同，也与先前的大和朝廷不同的日本模式。

年表

早期日本史前时代

公元前 30000—公元前 300 年　　　　旧石器时代的狩猎者与采集者

（公元前 10000—公元前 300 年　　　绳文陶器）

通过朝鲜通道接受大陆影响

公元前 300—公元 300 年　　　　　　弥生文化

公元 300—600 年　　　　　　　　　古坟文化与大和政权

借鉴唐代中国

公元 600—850 年　　　　　　　　　大和、奈良与平安时代早期

与圆润的唐人理想不同，这个来自前奈良时代
法隆寺的菩萨反映了北魏早期的艺术影响。唐
朝的风格则在奈良和平安时代早期进入日本。

7 世纪的发展

虽然先前日本已经向中国零星派遣过使者，但圣德太子（574—622）开始定期派遣使团则要到 607 年。使团包括商人、学生和佛教僧侣，以及大和大王的代表。像今天出国留学的第三世界学生一样，在中国学习的日本人回国后在本国政府中发挥了关键作用。他们还源源不断地带回了技术、艺术、佛教典籍以及关于中国法律和政府制度的知识。圣德太子采用了中国的历法，并积极宣传佛教和中国的统治理念。

7 世纪时登场的第二位人物是藤原镰足（614—669）[①]，因在强大氏族之间的朝廷派系斗争中胜出而上台。他发起的改革因处在大化年间——这一年号始于 645 年，所以称为"大化改新"。尽管其中许多内容仅仅存于纸面，例如新颁布的法令以及对地方官任命的限制等，但这些还是将日本人引向了中国式思维。大和时代尚无文字的日本人，在学习汉语以及理解中国历史和哲学文化方面，面临巨大的困难。

采纳唐朝模式的大规模制度变革开始于 7 世纪末的天武天皇（672—686 年在位）和其继任者持统女天皇（686—692 年在位）。天武天皇的一生，生动描绘了日本的权力政治与中国

---

① 藤原镰足本名中臣镰足，去世前才由天皇赐姓"藤原"。——译者注

制度引进之间的相互作用。他率领东国氏族的联盟反叛当时的大王（他的侄子），并夺得了王位。《日本书纪》将天武天皇形容为"虎着翼"①。然后，他利用中国的制度巩固了他的权力。他模仿唐朝建立新的朝廷统治，又模仿唐朝设立新的位阶与官职，赏赐自己的支持者。他扩大了朝廷的权力，并通过农地调查和人口普查充盈了国库收入。他颁布了一部中国式法典，大大增强了统治者的权力。他自称"天皇"，此后"大王"的称号便为"天皇"所取代。简言之，虽然朝堂之上中国之物一定备受崇拜，但大部分借鉴都出于特定的、直接的和实际的目标。

奈良时代与平安时代早期的统治

直到 8 世纪，通常天皇一驾崩，首都就会迁往他处。直到 710 年，一个永久性的新首都才在奈良建立。它模仿中国的首都长安，呈棋盘格一样的布局。但迁都还是再次发生了——有人说是为了逃避强大的佛教寺庙对政治的干涉。794 年，都城最后一次迁移，来到位于奈良平原以北的平安京（后来的京都）。直到 1869 年迁往东京，这里一直都是都城。即便在今天，京都街道常见的规整布局仍在反映着中国城市规划的影响。

　　将一座中国式都城叠加到仍然落后的日本，形成了历史上

①　这是中国式的表达，老虎在当时的日本已经灭绝。——译者注

最为鲜明的对比之一。村庄里崇拜大山和树木之力的农民，住在竖穴式房屋中，要么在简陋的稻田里耕作，要么就在刀耕火种后的旱地里干活。而在首都，梁柱环绕的宫殿里住着神的后裔——天皇和贵族。他们锦衣玉食、吟诗作对，欣赏着唐朝舶来的绘画、香料和陶瓷。比奈良还要多的佛教寺庙围聚在首都四周，宝塔高耸，瓦顶宽阔。农民看到城市及其居民时将会何等敬畏和忌妒啊！

奈良朝和平安朝的政府由天皇领导。他们是儒家统治者，中国式律令赋予他们威严；同时作为太阳女神的后裔，他们也是神道统治者；另外，他们还是信仰佛教的国王。受到神圣光环的护佑，他们的世系从未遭受篡夺。一个单一的王朝贯穿日本全部历史，尽管在继位斗争中被其他家庭成员杀死并取而代之的天皇并非凤毛麟角。

天皇之下的统治机构中，同样流行中国模式的改造版。最高一级是太政官，这是一个强大的官衙，其领导氏族操纵着天皇的权威，令后者统而不治。在太政官之下是八省——比中国的六部制多出两个衙门。其中一个是相当于秘书处的中务省，另一个则是负责宫中事务的宫内省。规模影响职能。唐代中国人口为六千万；奈良时代的日本则只有五百万左右。日本治下的人口较少，而且没有外部敌人，因此大和朝廷传统下大部分地方权力都掌握在当地氏族手中，而朝廷处理得更多的是与皇室本身有关的事务。在中央机构工作的六千人中，有四千

法眼圆伊于 1299 年（正安一年）所绘《一遍圣绘》中的京都街头。

多人是以某种方式在服侍皇室。例如，宫内省的正式员工为一千二百九十六人，而大藏省只有三百零五人，兵部省仅有一百九十八人。

地方政府分为六十余国，国进一步细分为郡和里。在奈良时代之前，那些边远地区由效仿大和朝廷的当地氏族统治。但在新制度下，国司由首都派遣，地方贵族则只能屈居郡司之类较低的官职。这大大增加了朝廷的权力。

日本的朝廷政治与中国存在本质性差异：没有监视皇帝后宫并干预朝廷事务的太监。血统大概不那么重要，因为皇帝和贵族之间不存在明显的社会距离。在《源氏物语》中，无论是源氏，还是薰君，都非他们父亲的亲生骨肉。中国那种皇帝和官僚机构之间的紧张关系在日本十分罕见——日本朝廷的主要斗争集中在不同贵族之间。唐宋之间发生的从贵族统治向以考

试为基础的贤能统治的转变，也未出现在日本。除了书吏和僧侣，只有贵族可以接受教育，也只有他们会被委以重要的官职。家族出身比成绩更为重要。立足中国模式，创建科举精英的微弱尝试遭遇彻底的失败。

日本式政府模式

最后一次遣使中国是在 839 年。那时引入中国文化的热情已经冷却。日本人已经得到所需要的一切——或者，大概就他们而言能够掌握的一切——并且以充分的信心对中国理念加以创新和灵活的使用。之后直到 12 世纪末的三个半世纪，

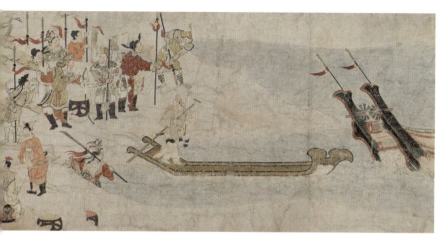

《吉备大臣入唐绘卷》全长 24.521 米，作于 12 世纪，描绘了奈良时代的吉备真备来到大唐的各种奇闻。此处画面描绘了吉备真备的遣唐使船到达大唐，岸上是前来迎接的大唐使者与士兵。

是吸收和大幅改进的时代。这一点在政府制度中最为明显。

正如我们所见，即使是在奈良时代，那些模仿中国层层设立的政府机构也已经显得过于臃肿了。用中国谚语来说，就是"杀鸡焉用牛刀"。在平安时代早期，政府的实际职能改由中国式制度以外的三个新官职接管。

奈良时代与平安时代的实际统治者

710—856 年	天皇与贵族
856—1086 年	藤原家
1086—1156 年	太上天皇

勘解由使。新任命的国司必须就其前任的账目撰写报告，而双方看法很难达成一致，因此从奈良末期起，勘解由使就被派去检查各类文书。平安时代早期，这些审计人员已经开始负责监督税收以及其他大多数涉及中央——地方关系的事务。他们试图阻止税收的减少。但随着税收请负制①和庄园制度的增长，这一官衔的职能越来越稀薄。

藏人所。该机构成立于810年，目的是记录和保管朝廷的法令。最终，它接管了平安朝廷的行政职能，负责起草法令并处理天皇各方面的生活事务。

检非违使。成立于9世纪20年代，职能是执行法律和起诉罪犯，最终成为首都地区一切法律和秩序的负责人。他们还吸收了军事职能以及刑部省和弹正台的职能。

虽然这样的新官职不断涌现，但权力的真正转移发生在平安宫廷的最上层。

天皇仍然是关键人物，因为他手握官员的任命权并依据律令进行统治。直到平安朝的早期——比方说，9世纪中叶——不少天皇确实大权在握，或者与高门豪族出身的

---

① 请负制，即通常所谓的包税制，政府将税收以固定数额的形式承包给国司。——译者注

贵族共享权力，后一种情况更为常见。

从 856 年开始，藤原一族的北家日益拔群出类，986 年到 1086 年，他们完全控制了朝廷。藤原家的家务机构政所和中央政府一样强大，藤原一族垄断了所有重要的政府职位。他们通过将女儿嫁给天皇来控制朝廷，迫使天皇在子嗣出生后退位，然后自己作为年幼天皇的摄政进行统治。有时，他们甚至出任成年皇帝的摄政①。当藤原道长说道"此世即吾世，如月满无缺"时，他并非虚言吹嘘。

11 世纪下半叶，藤原家丧失权力，朝政在七十年间操于退位天皇之手。两个多世纪以来，皇室和低级贵族一直怨恨藤原一族的统治。当藤原家内部发生争斗时，白河天皇夺取了朝廷的控制权。他从 1072 年统治到 1086 年，然后在三十三岁时退位，作为上皇又统治了四十三年。在他去世后，另一位太上天皇以相同的模式维持统治，直到 1156 年。白河上皇在自身居所设立的院厅与藤原家的政所没有什么不同。他任命非藤原氏出身的、有才能的贵族担任政府职务，并试图通过没收藤原氏的庄园来减少免除税收的庄园的数量。他的这次尝试失败了，白河上皇转而为皇室聚敛庞大的新庄园。他还与地方上的军事首领建立了牢固的联系。他对自身权势的理解反

---

① 此时称为关白。——译者注

映在他的如下名言中——既是吹嘘也是感叹："贺茂川之水、双六的赌局与山法师（京都东北比叡山上的僧兵），天下间唯有这三件事不如我意！"

不过，上皇的权力仅限于首都，这座城市越来越与地方分离，甚至自身也受到火灾、匪患以及大祸临头之感的折磨。

人民、土地与税收

在奈良时代和平安时代，日本的一般民众生活依旧艰苦。奈良早期的人口估计略多于五百万；到平安时代末期，差不多五百年之后，这一数字只是增加到六百万左右。相当和平的漫长岁月中，为什么人口没有增长？第一个原因是农业技术的进步微乎其微。人们仍在使用木制的犁具。第二个原因是旱灾频发，导致饥荒频繁。第三个原因则是大陆传来的病菌——使节与商贸往来的结果——袭击了一直以来单独隔离、不具备免疫体质的日本人口。周期性传染病席卷全国，不分朝廷或者乡村。

租税对农民来说是一个沉重的负担，而税收制度，如同政府一样，随着时间的推移而演变。在奈良和平安时代早期，农民的问题是缺少土地，而政府、皇室、贵族和寺社的问题则是缺乏劳动力耕作他们广阔的占有地。解决方案是引入唐代中国的"均田制"，虽然这一名称并不恰当。

在此制度下，皇室、贵族和寺社可以保有庄园，但其余土地被分配（每五年重新分配一次）给所有身体健全的人（女子分到的田地面积为男性的三分之二）。作为回报，农民须承担三种赋税：较轻的田赋——租，少量布匹、鱼类等当地特产——调和庸，以及沉重的劳役——杂徭。不过，为了征收这些赋税，有必要掌握人口的数量与分布，这就需要开展详细的人口和土地登记。即使是拥有成熟官僚机构的中国，均田制的推行也失败了。但在日本，令人惊奇的是，它居然完全实现了。对比古老的登记账簿与近来的航拍照片，人们发现在首都附近地区，至少一段时间内实施了均田制。这显示出古代日本人具有的巨大热情和才能，他们对中国行政技术的吸收是如此迅速。

不过很快，均田制在日本还是崩溃了。每当社会变革自上而下地强加之时，结果往往整齐划一；但当变革以不容分说之势发生在社会系统内部时，结果则混乱复杂、难以理解。日本平安时代的税收制度演变属于后一种类型。但这方面的变迁对于社会其他部分的发展来说是根本，因此必须尝试加以描述。

简言之，征税的对象从耕种者转为土地，户籍与土地登记从详尽的中央账册转为简单的地方账册，征收机制从官方转为半官方的请负制，引发这些变化的一系列进程如下：

（1）官员发现，土地不为农民拥有的话，他们就不会用心耕作，因此废除了土地的再分配制度使之可以代代相传。

（2）官员悲叹服劳役的人工作不熟练且缺乏热情，因此他们将劳役转为征收粮食，并根据需要出粮购买熟练劳力。

（3）由于无法维持详细的户籍与土地登记制度，中央向各国司下达了定额粮食征收与上缴朝廷的任务，各国司又转而向本国的各郡司分配征收定额。而这些地方官员只保留征税所需的简单土地记录。

（4）请负制的后果是，地方官员会收取高于定额的租税，以便用"结余"部分维持当地的法律和秩序。时间推移，郡司、当地贵族以及和他们有关的武装家族都具有了军事性质。

第二大变化则是纳税土地转变为免除赋税的庄园，其影响波及日本大约一半的土地。宫廷贵族和强大的寺社利用他们在朝堂上的影响力获得"不输"的权利——免除他们土地的税收。从9世纪开始，小型耕种者将自己的土地献给这些贵族或寺社，想着他们即便作为免税庄园的农奴，也会比作为贪婪的国司、郡司治下的自由农民更好。由于土地寄进的渠道并不固定，典型的日本庄园是由分散的地块组成，不像中世纪欧洲那样连成一片。庄园的领主任命当地贵族为庄官以便管理庄园。庄官自己留下一小部分生产剩余，并将其余部分转交京都的贵族或寺社。庄官与郡司都来自当地社会，因此也有意愿维护当地秩序。

武士的崛起

日本边境没有强大的游牧军队。其武装力量只是用来维持国内的治安。奈良时代，日本遵循中国的模式，从二十一岁至六十岁的健全男子中抽调三分之一充当兵士。征兵制下的军团效率低下，因此在 792 年——平安时代开始前两年，朝廷决定改为招募地方上的骑马武士。作为军事服务的回报，这些武士不必纳税。他们有些驻防在首都，有些则驻防在各地。日语中动词"服侍"是 *samurau*①，因此"服侍他人者"就是 *samurai*②。之后，从平安时代中期开始，朝廷招募的武士被私人的地方武士团取代。于是日本的军队在 15 世纪和 16 世纪步兵革命出现前的五百年间一直由这类私人武士团充任。

作为一名武士，他们花费不菲。马匹、盔甲和武器都十分昂贵，并且需要长时间的训练才能运用自如。主要的武器是骑乘时射出的弓箭。大多数武士来自地方上的富有氏族——郡司、庄官、地方贵族或者与他们有关的武装家族。他们最初的职责是维护当地的秩序，并在必要时协助征税。但从很早开始，他们就是混乱的制造者。自 9 世纪下半叶起开始出现郡司等官员领导当地势力反对国司的记录，无疑都与税收纠纷有关。宫廷贵族与担任庄官、管理其庄园的某些武士之间关系密切。这重关系使得朝廷发生派系之争时会召唤各自的武士团前来支持。

---

① さむらう，其最初形式应当是さぶらふ，可以写作候ふ或者侍ふ。——译者注

② さむらい，さむらう的名词形式，可以写作汉字的"侍"，因此 *samurai* 在英语中特指日本武士。——译者注

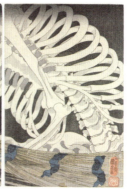

歌川国芳所绘《相马旧王城》。平将门举兵反对天皇，负伤而死，成为最早武士精神的代表。在相马旧王城，平将门之女泷夜叉姬使用妖术召唤骷髅为父报仇。

　　10世纪初，地域性的军事联合或同盟开始形成。935年至940年的平将门之乱，是他们首次闯入历史的舞台。平将门是关东一带的军事首领、天皇的后裔。卷入了一场税收纠纷的他，占领了关东数国，自称新皇，并任命了政府的文武官员。京都的朝廷做出反应，招募了另一支武士团以捍卫自身。叛乱被平息，其领导者在战斗中死亡。朝廷可以召唤武士团为其效力一事，清楚地说明了两者的关系才是朝廷能够操控地方军事首领并维持全国控制的关键。随后又发生了其他地域性的战争。其中许多都发生在东国——日本曾经的"狂野东部"①。东国一带更为军事化，因为那里会周期性地展开针对更北方的部落民的战役。到了12世纪中叶，日本各地都出现了地方武士团。

---

　　① wild east，作者使用这一形容大概是为促使读者将古代日本的东部地区联想为美国西进运动时期的"狂野西部（wild west）"。——译者注

贵族文化与佛教

如果文化的各个部分可以放到天平上像糖或面粉那样称重，我们可以得出如下结论：奈良和平安时代早期的日本文化是后期大和文化的延伸，神道教的宗教活动和乡村民俗占据了其绝大部分内容。平安时代的贵族群体规模很小，只占约日本人口的百分之一，并且被限制在宫廷生活的日常仪轨之中，就像佛教僧侣的寺院生活一样循规蹈矩。宫廷文化里的大半内容后来才从中国引入。平民还来不及照搬大人物的举手投足，强大的本土文化也还来不及重塑精英阶层。（当然，很容易想到一些例外，比如《源氏物语》中体现的另一种精神。）

由此产生的文化差距有助于解释为什么贵族觉得平民举止怪异、不可理解，甚至几乎不算是人类，至少我们从文献上了解到的是这样。廷臣的著作几乎很少对人民的艰难困苦流露出同情——除了汉诗，在这种文学体裁中忧民之情是必备套路。当小说中的公子光源氏与一个贫穷的女人发生暧昧关系时，她必须仍然是一位公主。写作《枕草子》的清少纳言绝非作家中的特例：行乞尼姑的粗俗令她感到冒犯；一位房子被烧毁的文盲老人令她发笑；她发现木匠的饮食习惯毫无魅力可言，他们几下子就将碗里的食物一扫而空。

藤原宫廷的理智与情感：清少纳言笔下的好恶

以下段落描述了平安宫廷曲高和寡的品位，出自清少纳言的《枕草子》，平安时代日本的杰作之一。

在什么意义上，像这样的文学作品也可以被视为历史文献？关于宫廷生活，它能提供什么样的信息？

高雅的东西

……穿着淡紫色的祖衣，外面又套了白袭的汗衫的人；鸭蛋；刨冰里放上甘葛，盛在新的金椀里；水晶的数珠；藤花；梅花上积满了雪；长得非常美丽的小孩子在吃着草莓……

高兴的事

……

拾得人家撕碎抛弃了的书信来读，看见上面连续有好些文句，这是令人高兴的事。

……

……在那才情学问都很高而自己很觉惭愧的人来问和歌的上下句，恰好自己记得，连自己也很是高兴。即使是平常记得的事，到人家问到的时候，偏是完全忘了，这样的时候居多……

……

在中宫的御前，女官们侍候着，房间里没有空地，我那时刚才进去供职，在稍为离得远的柱子边上坐着，中宫却看见了，说道："到这边来吧。"女官们让出路来给我，将我召到御旁去了，这件事想起来也是很高兴的。

可憎的事续

……天刚破晓，从女子那边回去的男子，说是寻找昨夜里所放着的扇子和怀中纸片等，因为天暗便到处摸索，用手按来按去，口中说是"怪事"，及至摸到了之后，悉索悉索地放在怀里，又打开扇来，啪啦啪啦地扇，便告辞出去。如说这是可憎的，还是寻常的批评，这简直可以说是一点礼貌也没有。……凡是破晓时候临别的情形，人们觉得最有情趣。大抵是男的一点办法没有，迟迟不愿意起来，是女的强加催促，说："天已经大亮了，给人看见了怪不好看的。"男的却叹口气，觉得留恋不舍，似乎起来回去也是很勉强的样子。老是坐着，连下裳也不穿，还是靠近女人，将一夜没有讲完的话，在女人的耳边低声细说，并没有特别的事情，磨磨蹭蹭地，其时衣裳都已穿好，便系上了带子。以后将和合窗打开，又开了房门，二人一同出去，说："尽让等着一整天，一定很不好过吧。"这样说着话便轻轻走去了，女人一面送着回去的男人的后影，这种惜别是很有情趣的……

四时的情趣

春天是破晓的时候最好。渐渐发白的山顶，有点亮了起来，紫色的云彩微细地飘横在那里，这是很有意思的。

夏天是夜里最好。有月亮的时候，不必说了，就是暗夜里，许多萤火虫到处飞着，或只有一两个发出微光点点，也是很有趣味的。飞着流萤的夜晚连下雨也有意思。

秋天是傍晚最好。夕阳辉煌地照着，到了很接近了山边的时候，乌鸦都要归巢去了，三四只一起，两三只一起急匆匆地飞去，这也是很有意思的。而且更有大雁排成行列飞去，随后越看去变得越小了，也真实有趣。到了日没以后，风的声响以及虫类的鸣声，不消说也都是特别有意思的。

冬天是早晨最好。在下了雪的时候可以不必说了，有时只是雪白地下了霜，或者就是没有霜雪但也觉得很冷的天气，赶快生起火来，拿了炭到处分送，很有点冬天的模样。但是到了中午暖了起来，寒气减退了，所有地炉以及火盆里的火，都因为没有人管了，以至容易变成白色的灰，这是不大好看的。

歌川芳虎所绘《清少纳言雪见图》，木刻版画，纸本着色，35.7 厘米 ×23.7 厘米。

不像样的事

> ……大树被风吹倒了，根向着上面，倒卧着的样子；相扑的人摔跤输了，退下去的后影……女人为了无聊的嫉妒事件，自己躲了起来，以为丈夫一定忙着去寻找，谁知丈夫并不怠样，反而坦然处之，叫人生气，在女人方面可是不能长久在外边，便只好自己回来了……

From *The Pillow Book of Sei Shōnagon*, trans. By Ivan Morris. Copyright © 1991 by Columbia University Press. Reprinted with permission of the publisher.（中译选自周作人译《日本古代随笔选》，人民文学出版社，1988 年。——译者注）

平安时代的高雅文化就像温室里的植物。它在宫廷的政治影响下受到保护，由来自税收和庄园源源不断的收入所供养。在这样的条件下，《源氏物语》般世外桃源中的贵族沉湎于独特的生活之道，他们的优雅和品位即便到今天仍是惹人注目的典范。唐文化被吸收并重新加工的速度令人惊叹。地中海文化引入欧洲西北部的最初数个世纪时，只出现了《罗兰之歌》这样的作品，它与《源氏物语》或《枕草子》是无法比拟的。

中国文学在日本

奈良和平安时代宫廷教育的内容主要是阅读汉文书籍并掌握用汉文写作诗文所需的技能。这些都是令人望而却步的难关，一方面日本先前并无学问传统，另一方面两种语言之间也是如此不同。掌握书面汉语并将其用于日常书面交流对于奈良时代的日本人来说是一个巨大的挑战，就像同时代的欧洲人想要掌握拉丁文一样。

但是，日本人克服了难关。从奈良时代到 19 世纪，大多数哲学和法律著作，以及大多数史书、散文和宗教典籍都是用汉文写成的。从中国人的角度来看，这些著作可能仍有不足。不过如果事实并非如此，那才叫人震惊，因为跃动的口语中才藏有语言的灵魂。当然，日本作家的能力仍足以胜任，而且他们表达出了自身的真情实感——当他们不再模仿中国老师的风格时。883 年，菅原道真为悼念亡儿作了一首极为自然的汉诗，起首部分如下：

> 阿满亡来夜不眠
>
> 偶眠梦遇泪涟涟
>
> 身长去夏余三尺
>
> 齿立今春可七年
>
> 从事请知人子道
>
> 读书暗诵帝京篇①

---

① H. Sato and B. Watson, trans., *From the Country of Eight Islands* (Seattle, WA: University of Washington Press, 1981), p. 121.

帝京指的是长安，《帝京篇》则"所有学习阅读汉文的日本小童都会用到"。

日本的汉文著作以及中国本土的典籍都塑造了日本的文化传统。中唐诗人白居易和杜甫、李白一道，受到广泛的阅读和欣赏。尽管中日社会之间存在诸多差异，但中国的历史成为日本照见自身的镜子，中国的英雄和恶人也成为日本人历史意识的重要人物。长久以来，佛教故事和儒家典籍也因其智慧和道德训诫而被人们翻阅。可以举出中世纪和文艺复兴时期的英国与之相提并论，那时的英国人也接受了像圣经以及柏拉图和亚里士多德的著作等这些"外国书籍"。

日本文学的诞生

受到中国模范的刺激，日本人汲取自身的歌谣传统，开始用母语创作诗歌。

首部主要的和歌集是《万叶集》，大约在 760 年编成。它包含有四千五百一十六首诗。这些诗意境清新，虽然有时措辞简单甚至直接，但通常细腻委婉。它们揭示了日本人对自然的深刻敏感性以及夫妇、亲子之间强烈的情感关系。这些诗歌也表现了对日本大地的热爱，并且承接着古来的神道传统。

日语书写形式的发展

　　没有哪两种语言会比汉语和日语更加不同了。对于日本人来说，书写汉字就像用埃及象形文字书写古英文一样。汉语是单音节的、无屈折变化的声调语言。日语则是多音节的、高度屈折变化的无声调语言。因此，在日语中采用汉语的书写形式并非易事。日本人首先——当他们不再只是单纯学习书写汉字时——将某些汉语的表意文字用为表音字母。例如，在8世纪的和歌选集《万叶集》中，"白色的波浪（*shira-nami*）"写作"之良奈美"，其中"*之*"对应"*shi*""*良*"对应"*ra*""*奈*"对应"*na*""*美*"对应"*mi*"，而不去考虑这些汉字原来的汉语含义。经过数百年的发展，这些表音用的表意字演变成了独特的日语注音字母：

	原初汉字	简化形式	注音字母（假名）
Shi	之		し
Ra	良		ら
Na	奈		な
Mi	美		み

　　从这些例子中可以看出最初的表意文字是如何依据书法的变化而省却笔画，并进一步简化为称为假名的注音字母。在现代日语中，表意的汉字用于名词和动词词干，而注音字母则用于活用形及虚词。

学生は図書館へ行きました。

学生/图书馆/去/了

（学生去了图书馆）

　　在这个现代日语句子中，笔画繁多的是汉字，以简单的草书形式表现的则是注音用的假名。

日本诗歌发展的早期障碍是难以转录日语的发音。《万叶集》借汉字标注语音，但由于缺乏统一的对应规则，转录的内容很快就变得难以理解。951 年，当天皇的中宫[①] 希望阅读此书时，一群诗人受诏释读了这部作品，并以 9 世纪时发展出的新注音字母——假名——对其加以转写。第二部主要的和歌集是《古今和歌集》，编纂完成于 905 年。此书中的和歌已经完全是用假名记录的了。

假名的发明为平安时代最为辉煌的成就打开了大门。大多数新的创作，毫无疑问包括其中最伟大的作品，都出自女性之手。因为当时的男性多忙于写作汉文。日记或旅行日记是一种典型的文学类型。其中杰出的代表作之一是《和泉式部日记》，这位宫廷贵妇吟诗唱和的记录揭示了她放纵不羁的爱情。

这一时期最伟大的作品出自前文提到的清少纳言及紫式部两人。她们的父亲都是在平安朝廷中供职的国司。《枕草子》里有尖刻、讥讽、有趣的散文以及篇幅简短的文艺笔记，反映出 11 世纪早期平安宫廷中挑剔的贵族品位，正如乔治·桑塞姆爵士（Sir George Sansom）所言，"宗教成了一种艺术，艺术也成了一种宗教"[②]。

紫式部在大约 1008 年写作的《源氏物语》，是世界上第一

---

①　相当于中国的皇后。——译者注

②　G. Sansom, *Japan: A Short Cultural History*（New York: Appleton-Century-Crofts, 1962），p. 239.

源氏物语绘卷·竹河（二）12 世纪前半期　纸本着色　22 厘米 ×48.1 厘米

春天三月，场所是玉鬘邸，庭院的樱花正在开放。藏人少将（右下）在隔着帘子看外面的大君与中之君姐妹（左屋内）。大君与中之君正在下棋，以庭院的樱花为打赌物。

土佐光起所绘紫式部

部长篇小说。其源出以散文为诗歌提供背景这种作品篇幅不长，出现也为时尚浅的传统。《源氏物语》的敏感性、独创性以及对人物心理的敏锐把握，都毫无中国先例可循。此书讲述了天皇女御①之子源氏的生活、恋曲和哀情，以及他辞世后其子薰的生活、恋曲和哀情。这部小说的故事跨越了四分之三个世纪，并且事实上足资历史参考，尽管它所描述的宫廷社会比作者所生活的藤原时代更加以天皇为中心。

　　可以认为，这本书具有"明确而严肃的目的"。在其中一章，源氏嘲弄一位宫廷女眷，后者专注于阅读不切实

———————————

① 相当于中国的妃子。——译者注

际的爱情故事，"一天到晚忙着阅读"。不过源氏很快又和颜悦色地说，"那我真是瞎评故事小说了。其实，这些故事小说中，有记述着神代以来时间真实情况的。像《日本纪》等书，只是其中之一部分。这里面详细记录着世间的重要事情呢"①。

佛教

历史上的佛陀是公元前 6 世纪或公元前 5 世纪出生于尼泊尔一个山地王国的王子。在度过了一段享尽奢华的青年时光后，他在二十九岁时意识到了人的老病死，于是绝弃了俗世生活，通过苦行与冥想寻求觉悟。最终，他悟得了"中道"，并于三十六岁时达到涅槃或者说觉悟的境地。在这段传奇中，所有关于解脱的宇宙戏剧都凝缩为那个在菩提伽耶的菩提树下冥想的形象。佛陀用余下的四十五年生涯向人开示他所体悟的真理：众生皆苦，死亡亦非苦之结束，因众人皆会凭前世的善恶之业而在六道中永劫轮回。简而言之，所有人都为业力与因果报应之轮所缚，只有通过充分觉悟到自身最深刻的本性才能脱

---

① R. Tsunoda, W. T. de Bary, and D. Keene, eds., *Sources of the Japanese Tradition* (New York：Columbia University Press, 1958), p. 181. (中译引自丰子恺译《源氏物语》，人民文学出版社，1980 年，第 526 页。中译与英文译文出入甚多，读者可以自行对照。——译者注)

离苦海。

佛教始于印度教内部的改革运动。在印度，该宗教逐渐发展出了哲学、宗派与宛如神明般为人们所崇拜的十方诸佛。最终，它几乎与印度教无法区分，消融为印度教的一个独特宗派。但与此同时，佛教也向西传播到希腊化世界、印度南部和东南亚，并向北传播到了中亚，然后沿着丝绸之路来到中国、韩国，以及最后一站日本。佛教的哲学、经典以及宗派渡来日本时都穿戴着中国的衣冠。

例如，在奈良时代进入日本的六宗①，每个都代表着大乘佛教中的一个单独的宗派与教义，而大乘佛教正是佛教从印度传播到中国、越南和朝鲜后的类型。僧众在与外界分离的寺院环境中接受宗教专家的训练。他们钻研佛法、诵读佛经、抄写经文、打坐冥想并参与法事。典型的寺院是一个自成体系的小社区，建有一间供奉本尊佛的金堂②、一座安放舍利或经卷的塔、一口提醒寺院作息的钟、一间讲堂、一处食堂、厕所③以及僧众的宿舍。

与中国一样，日本的寺院与国家也有着直接的联系，国家向其拨款以换取寺院的支持。741 年，政府于各国建立国分寺，

---

① 指三论、成实、法相、俱舍、华严、律这六个扎根在奈良的宗派，因为奈良在京都之南，史称南都六宗。——译者注

② 又称本堂。——译者注

③ 寺院称东司。——译者注

仿佛僧人诵读佛经就能庇护这个国家。僧人还为天皇的健康而祈祷，并在天旱之时负责祈雨。奈良的药师寺就是一位天皇为祈求他妻子疾病痊愈而发愿兴建的。在中国，为了维持税收和人口，政府曾制定法律限制和尚与尼姑的数量。但是在奈良时代的日本，由于佛教在首都地区以外的传播速度很慢，在中国用来限制佛教发展的法令挪用到日本则成为未来发展的规定目标。于是，尽管国家干预政策是效仿中国的，但在日本，国家的角色是佛教的支持者。

7 世纪至 8 世纪之间，日本的文化发展程度低于中国。日本人不是从儒家或道家哲学的高度接受佛教，而是从神道的魔法与神秘出发接受佛教。因此，佛教对早期日本人的吸引力是其多彩繁复的仪式，是大乘佛教神殿中的各种佛与菩萨、天神与恶鬼，以及最重要的是佛教艺术之美。教理则需要更长的时间才能建立起来。日本人以不亚于学习唐代典范建立自身政治制度的速度，迅速掌握了用复杂的木制斗拱和优雅的拱顶建造寺庙的技术，而奈良时代的佛教雕塑、壁画和涂漆香案也散发出一种宁静之美。

日本的文化认同也与其西邻不同。在中国，佛教一直被视为印度与外国之物。最早的佛像，比如印度西北部的佛像，看起来带有希腊风格。佛教并非中国文化的一部分，是导致佛教徒在 9 世纪时遭受迫害的一个因素。相比之下，日本的文化认同或文化自我意识直到奈良时代和平安时代早期才形成。这种身份认同的一个要素源自神道的天皇崇拜。但是作为一种宗教，神道教无法与佛教相提并论。日本人意识到佛教是外来之物，不过与儒家思想以及所有其他那些从唐朝传来，协助重塑日本人认同的文化相比，佛教并不更加异域。因此，也就不存在对于佛教的特殊偏见。因此，佛教深入到日本文化中，并保持了更长的生命力。直到17世纪或18世纪，少数儒化甚深的日本学者才开始反对佛教。

794年，朝廷迁都至平安京。佛教寺院很快就像当年在奈良那样，在新首都逐渐根深蒂固。平安时代的两大佛教新宗派分别是天台宗和真言宗。

785年，平安时代开始之前九年，僧人最澄（766—822）在京都西北部的比叡山上建立了一座寺庙。他于804年以求法僧的身份前往中国，并于次年带着四宗兼学的天台教义回到日本。该宗派主张将仪式、佛经研究和打坐冥想相结合。最澄在

弘法大师空海金刚般若经开题残卷六十三行

他的山中寺院为学僧制定了严格的寺院清规与长达十二年的修学课程。但是，他也宣扬解脱不仅仅是寺院高僧的专利：所有过着沉思默想的生活与道德纯洁的人都能实现这一目标。在接下来的短短数世纪里，天台宗不断成长，直到比叡山上建造起数千座寺庙。直到在 16 世纪的战争中被摧毁，比叡山一直都是日本佛教的中心。后来，从天台宗中又生出了日本佛教的许多宗派，分别强调天台教义中的某一重内容。

真言宗的开创者是空海（774—835）。他在青年时期曾在朝廷的大学寮里学习过儒学、道教和佛教。十八岁时，空海判断佛教最为优越，于是便出家为僧，并于 804 年与最澄一道去了中国。两年后，他带着真言宗教义回到日本，并在奈良平原以南，远离新首都的高野山中建立了一座寺院。空海是一位非凡的人物：他懂得桥梁建造，又是诗人与艺术家，还是那个时代三位①最优秀的书法家之一。人们有时也认为是他发明了假名音节并将茶叶引入日本。

真言宗的教义以一位永恒的宇宙佛②为中心，其他所有佛都是其化身。真言也即"咒语"，指一套具有神秘力量的言辞。真言宗有时被称为密宗，因为其秘密的教导只在师徒间传授。在中国，真言宗已经在9世纪中期的迫害中消亡，但在日本，它取得了巨大的成功。它的学说甚至蔓延到比叡山的天台宗寺院。真言宗的魅力部分在于其神秘的气质和复杂的仪轨，后者包罗印相、法器运用以及曼荼罗——密宗佛教的宇宙之图——等诸多内容。

佛教在平安时代后期开始与本土信仰融合。在村庄，民间的神道宗教吸收了佛教元素，而在首都的高雅文化中，神道则几乎完全为佛教所吸收。神道信仰中的神被认为是普遍存在的佛在日本的化身③。例如，人们很容易就将真言宗的"大日如来"与日本的太阳女神天照大神等同。通常，佛教大寺院的领域内会建有较小的神社。佛陀照看着日本，而神社里的神明则守护着寺院本身。直到19世纪中叶，出于政治目的，神道教才从佛教中脱离出来。

---

① 即平安时代初期"三笔"，空海、嵯峨天皇、橘逸势。——译者注
② 即大日如来，音译作大毗卢遮那佛。——译者注
③ 日语称为本地垂迹。——译者注

历史视角下的早期日本

一个对任何文明而言都值得研究的问题是，这个文明包含多少重历史（或史前）层次以及每一层与下一层之间又有何关系。在日本，最早的、历史最久的，当然也是埋藏最深的地层就是绳文时代了。村庄遗址、墓地和生活垃圾堆的发掘，使考古学家得以拼凑出那个以狩猎、捕鱼和采集维生的社会中物质生活的图景。然而，我们对于绳文的文化、语言或精神生活几乎毫无了解。我们无法明确指出绳文时代对随后年代的贡献，尽管绳文时代的文化在日本的北部和南部农村中仍有保留。

弥生时代这一历史层则截然不同。在四个关键领域，弥生时代的印记在随后的日本文明中一直难以磨灭，尽管在每个时期都经历了进一步的变革：弥生人的语言定型为日语；他们的宗教形成为神道教；他们的农业定居点虽然原始，却是延续到 20 世纪的乡村传统的开端；他们的领导人则开创了持续到 19 世纪的贵族统治模式。

第三个历史层，即学习中国的时代，具有极其广泛而深刻的影响力，以至于需要重述日本的全部历史才能详细说明其贡献。因此，此处我们只满足于指出奈良—平安时代这一地层在地理上的分布不均。在京都（平安京）和西日本的畿内地区，奈良—平安时代的文化浓重且丰富。《源氏物语》描述了一种有教养的、自信的、精致优雅的生活方式——完全不同于乡村地带。在地方各国，尽管建有政府官衙与寺院，奈良—平安时代的高雅文化仍然十分薄弱。朝廷的贵族对出任国司一事或许会欣然接受，将之视作重新聚敛家族财富的机会。不过，他付出的代价是，在一个他感到野蛮落后的社会中生活数年。人们试图在边远的地区复制平安文化——比如东北地区的平泉，但总的来说，在这个时代，地方各国对日本的高雅文化贡献很小。例如，在本州最北端的青森县（北海道当时还不是日本的一部分），一些 12 世纪时的陶器仍然类似于绳文时代的器皿。从首都出发奔赴外地，就像一场时光逆转的旅行。

思考

1. 从绳文时代到弥生时代社会的变化是否大于从弥生时代到平安时代早期的变化？在做出判断时，可以使用什么标准？

2. 弥生社会的东部边境是如何塑造这个社会呢？这个社会发生了什么变化导致古坟的建造以及大和大王的出现？

3. 奈良时代和平安时代的日本人是否借来了"中华文明"，还是说他们只是借来了"文明"？做出这种区分是否有必要？日本是否从根本上改变了那些借来之物？

4. 佛教与神道教有什么不同？佛教的哪些特征是它在日本被接受的原因？

5. 新的税收和政府制度在平安时代早期由唐朝制度演变而来。日本文学的发展是否也类似？举出具体的例子。

第二章

中世日本：12 世纪至
16 世纪

本章提纲

- 平氏、源氏与足利家的军事统治
- 战国时代（1467—1600 年）
- 佛教与中世文化
- 历史视角下的中世日本

禅僧雪舟（1420—1506）笔下的冬景，水墨画。

平氏、源氏与足利家的军事统治

12 世纪之前，日本历史上的每一个新时代都是由带着全新技术的外部力量所开辟：大陆的移民浪潮开启了绳文时代和弥生时代，借鉴唐代中国的文化和技术开启了奈良和平安时代。但是，日本的中世时期并未继续这一模式。虽然国际贸易达到了新的高度，中国文化的进一步传入也举足轻重，但这次是日本自身长期孕育的力量开花结果，带来了时代的发展。

现代日本历史学家使用"中世"（如同字面意思所指，就是中间的世纪）这一词语，来指代夹在奈良时代和平安时代的古代日本与后来的德川幕府统治（1600—1868 年）之间的四个世纪。这数百年间，文官贵族统治权转到了军事家族的手中——后者的统治一直持续到 19 世纪。这些武士家族建立了称为幕府（字面意思是"军营帐幕中的政府"）的军人政府。执政的军事首脑通常受封为征夷大将军。从理论上讲，幕府将军只是天皇政府中最高级的军官，这个理论从未被完全抛弃。但事实上，是将军统治着日本。武家统治引发了社会和经济的变化，并催生了大量新的文化形态。

京都朝廷中的平氏

1156 年是崛起的乡间武家势力首次闯入京都的宫廷。当时，执掌政权的上皇驾崩，引发了另一位上皇与现任天皇之间的权力斗争。双方分别召集了藤原氏贵族的不同支脉以及不同的地方武装加以支持。在一场短暂的战争中，濑户内海一带的武装力量领导人平清盛率领他的军队战胜了盘踞日本东部的军事家族源氏。他在 1159 年到 1160 年的平治之乱中再次面对挑战并获得胜利。平清盛来到京都本是为天皇护驾，但当他发现自己大权在握时，便留下来发号施令了。这种模式在历史上并不罕见。

在平氏统治期间没有改变的事情与改变了的事情同样重要：朝廷贵族保留了他们的中国式朝廷官位。藤原氏的家长继续担任已没有实际意义的摄政职位。平清盛支持的现任天皇退位，以上皇的身份控制了朝廷机构与皇室庄园。平清盛将他的女儿嫁给了新任天皇。当皇子出生时，他又迫使这一任天皇退位，并以年幼天皇的外祖父身份进行统治。

简而言之，平氏在旧朝廷众多的权力中心之上作为新的阶层总揽大权。

源赖朝的崛起

平清盛虽然在 1160 年掌握了京都，但远远没有建立一个全国性的霸权，因为其他武士团仍在日本各地蓬勃发展，而他本人也仍然受到上皇的牵制。在平清盛取得胜利之后，平氏一族接纳了京都宫廷的优雅生活方式，而与他们在濑户内海的根据地削弱了关系。他们以为他们对朝廷的监护会像藤原氏那样持久。与此同时，源氏正在日本东部恢复实力。1180 年，源赖朝（1147—1199）响应一位心怀不满的皇子的举兵号召，夺取了对日本东部的控制权，并开始了与平氏之间的战争，直到 1185 年平氏政权垮台才结束。

源赖朝的胜利是全国性的，因为他的军队行遍日本的大部分地区。之后，来自各个地区的武士都争相成为他的附庸。由于担心京都的哄诱会像削弱平氏一样削弱自身，源赖朝决定在今日东京以南三十英里的镰仓设立总部。此地位于日本东部其势力根据地的南部边缘。他称他的政府为幕府，以便与京都的文官政府相区别。和藤原的家政或上皇的院政一样，源赖朝所建立的政府机构数量很少，以实用优先，其中人员由他的附庸充任：其中一个管辖他的武士家臣（即侍所，也管理警察事务），一个处理并执行他的政策（即政所），第三个则处理法律诉讼（即问注所）。问注所的决定建立起了一套习惯法，在

源赖朝像，绢本设色，140.9 厘米 ×111.6 厘米，绘者为后白河上皇执政期名画家藤原隆信（1142—1205）。源赖朝穿黑色朝服，戴冠冕，手持笏板，佩一把饰金短刀，仪态端庄肃穆。

1232 年被编纂为《贞永式目》。源赖朝还在每个国都任命了军事长官（即诸国守护），并在属于平氏及其他曾与他作战者的庄园中安置了军事管家（即地头）。受任命者有权从庄园土地获得部分收入。剩余的收入则一如从前，作为税收或贵族庄园主的收入送缴京都。实际上，虽然土地收入中的一小部分开始分割出来转给武士，但旧的税收制度基本保持不变。

12 世纪封建制问题

学者经常争论源赖朝的统治是否标志日本封建制的开始。封建制可以用三个标准来衡量：领主—封臣关系、以军事服务换取的封地以及一种武士伦理。这些适用于镰仓时代的日本吗？

当然，组成源赖朝军队的骑马武士主要来自他的封臣而非亲属。源平两氏最初都是扩大式家族，非常类似藤原氏或者早期的大和贵族。源赖朝的兄弟是他的将军之一。但在他上台之后，源赖朝更偏爱他的封臣而非他的亲族——他认为后者是潜在的竞争对手。因此，横向的血缘关系让位给垂直式的领主—封臣间的政治联系。

至于封地，答案则没有那么清晰。镰仓幕府的封臣被授予获得土地收入的权利，以换取他们的军事效力。但是，收入通常是从失败的平氏或京都贵族的庄园中割取一部分盈余而已。这种收入可以被定义为一种"财产"，但它并不符合封地这一术语的通常含义。被授予土地意义上的封地直到 15 世纪才出现。

不过，武士伦理方面就没那么含混不清了。在 1185 年之前的数百年间，这种伦理就已经在地区武士团中不断发展了。日本武士珍视军事素质，比如勇敢、狡猾、力量以及耐性。他们会为自己的刀取名字。武士的娱乐是狩猎、放鹰和箭术——在全速状况下瞄准目标开弓放箭。如果这一时期的军记物语值得相信，那么战斗往往是一骑当先。在参与战斗之前，武士会报出他们的家系。也就是说，武士认为自己乃身为军事贵族，践行着"弓箭之道""弓马之道""武士之道"等。略带佛教色彩的军事传奇《平家物语》讲述了平氏和源氏之间的斗争。其中一位平氏将领询问一位东国源氏的家臣：

"实盛君，关东八国之众，似你这般善射挽强者，计有几多？"斋藤别当笑道："蒙将军抬举，视实盛为善射大矢者，其实实盛力仅及于十三束①之箭，与吾相似射手，车载斗量，东国比比皆是。凡以善射大矢称名者，无人低于十五束；手挽之赢弓，须五六条汉子方能拉开。似此等精锐射手，上阵时轻而易举便能射穿二三重铠甲。东国每位大名，麾下部众皆不少于五百骑，且个个骑术精良，跃

---

① 一束即一拳的宽度。——译者注

身马背上绝不会跌落；即使奔驰在极险峻之地，也不会失蹄。东兵一骑，可当我二三十骑。东国武士在战场上向来奋不顾身，不管是父亲还是儿子阵亡，一概视若无睹，只知纵马越过尸体，继续死战。而你们西国武士却截然相反：父亲阵亡，儿子要戴孝守灵，等过了忌期方可再度上阵；若是儿子战死，父亲便哀叹痛苦，不愿再战。还有，西国军队如果兵粮用尽，就要等春耕秋收后再出征。可是夏天又怕热，冬天又嫌寒，总之诸多借口。但东国军队就完全不同……"①

根据故事记载，平氏的士兵"听了，无不震骇战栗"。

因此，镰仓武士团十分符合我们对封建制的定义。然而，他们的封建制服从于一种整体的秩序，因为武士团只是整个社会的一部分。一个重要的限制是镰仓时代的日本有两个政治中心。幕府有军事权威，但京都的朝廷也仍在延续着平安时代晚期的文官统治模式。朝廷任命文职国司、征收赋税并控制着京都一带。贵族、退位的天皇以及大寺庙——他们控制着广大的庄园——也是京都的权势得以持续的原因。宫廷仍然是官位和荣誉的源泉。在 1185 年获胜之后，源赖朝要求

① H. Kitagawa and B. Tsuchida, trans., *The Tale of Heike*（Tokyo: Tokyo University Press, 1975）, p. 330.（中译引自王新禧译《平家物语》，上海译文出版社，2011 年。——译者注）

天皇授予他"征夷大将军"的官职（通常简称为将军）。他遭到了拒绝，直到 1192 年上皇驾崩后，源赖朝才获得与他的权力相匹配的头衔。即便如此，也是因为源氏乃是天皇血脉的分支，源赖朝获得该官职才有了正当性。血统仍在发挥作用。

源赖朝家臣团规模较小。这是一个更有说服力的论点，用以反对将此时的日本视为完全的封建制。顶尖历史学家在追问下猜测这一集团的人数在 1221 年之前大约是两千人，之后发展到三千人。大多数家臣集中在日本的东部。但是请计算一下，如果他们中哪怕只有一半人作为守护和地头派遣在全国其他地区，那么在马萨诸塞州大小的一个地区内只会分到一百名家臣——因为 1180 年的日本大约是马萨诸塞州面积的十五倍。鉴于交通和通信的困难，如此少的人员如何维持秩序并管理如此大面积的领土？答案是他们无此必要。

平安时代晚期的地方社会秩序在进入镰仓时代（1185—1333 年）后依旧维持。京都朝廷、国司、郡司以及地方显贵——包括许多不是源赖朝武士团成员的武士——或多或少都像以前那样发挥作用。为了保护他们土地上的收入，他们支持法律和秩序。新任命为守护和地头的镰仓家臣必须赢得这些地方权力持有者的合作，以便在当地社会中建立自己的影响力。简而言之，即使镰仓的家臣本身可以被称为"封建制的"，他们也只是那个根据旧原则构建的社会的表面上的一层薄薄的浮沫。他们的掌权建立在现有秩序的基础之上，而非秩序已经崩溃之后。

源赖朝之后的镰仓幕府统治

源赖朝在 1199 年去世，之后他的遗孀北条政子以及她所出身的北条家族开始篡夺源氏一脉的统治权。北条政子在她丈夫去世后根据当时的风俗习惯发愿出家，被称为尼将军。她的一个儿子遭到冷遇。另一个则成为幕府将军，但于 1219 年在北条一族的命令下遭人谋杀。在那之后，就像藤原氏一直担任有名无实的天皇的摄政，北条家则以摄政身份操控着傀儡将军。1221 年，京都朝廷试图利用这次篡权所引发的愤慨，对镰仓发动了一次武装反抗，但很快被镇压。之后，新的地头就被安插到参与起事者的土地之上。

任何基于个人纽带的社会都面临着如何将忠诚从一代人转移到另一代人的问题。尽管北条家篡夺了源赖朝的统治，但 1221 年镰仓的家臣都在为北条家而战。这表明他们的忠诚已经制度化，他们效忠的是能够保证他们土地收入的幕府。家臣对源氏的个人忠诚随着源赖朝的去世而告终。

镰仓幕府面对的第二个挑战发生在 1266 年。当时，元朝征服者忽必烈汗派遣使节要求日本服从他的统治。他在 1258 年降伏了朝鲜，他的军队在对马海峡虎视眈眈。京都的朝廷感到惶恐不安，但镰仓的北条家拒绝了忽必烈的要求。1274 年，第一支三万人的元军入侵舰队抵达，但恶劣

《蒙古袭来绘词》（局部）。元世祖忽必烈两次征伐日本，因遇到台风，以失败告终。日本称两次战役为"文永之役"和"弘安之役"。"绘词"创作于永仁元年（1293）二月，是其主人公竹崎季长令画师所作，故又称"竹崎季长绘词"。

的天气迫使元军在取得最初的胜利之后即行撤离。忽必烈再次派遣使节，但这一次，他们遭到斩首。在忽必烈最终征服了中国南部的两年之后，第二次入侵大军于1281年袭来。这一次动员十四万军队——就当时而言，这一数字多少有点夸张。这是世界历史上规模前所未有的水陆作战。盾牌交叠的士兵组成护墙在前，火炮和弓箭手的方阵在后，元军令人生畏。

日本凶狠的个人肉搏战术不足以对抗他们的敌人。但是他们沿着九州西北部博多湾一带弯曲的海岸线筑起了一道石墙，并以此抵挡了元军两个月之久，直到"神风"①吹来，沉没了一部分元军舰队并迫使其他军队撤离。第三次远征的准备工作因忽必烈于1294年离世而告终。今天沿着博多海岸仍然可以

①　一场极大帮助了日本军队的台风，日本方面称这是因为神明回应了他们的祈祷，所以称为"神风"。——译者注

看到石墙破碎的残骸。

镰仓幕府在九州的家臣承担起了击退元军的重任。九州非镰仓一方的武士也被动员起来，在守护的指挥下进行战斗。但与 1221 年不同的是，这次没有任何战利品可以赏赐给那些曾经参与战斗的人。不满情绪十分普遍。甚至寺庙和神社也要求奖赏，声称是他们的祈祷召唤来了"神风"。

武士社会中的女性

源赖朝的遗孀尼将军北条政子，是日本诸多重要女性之一。她们扮演的角色各不相同。尽管历史学家不再谈起早期的母系时代，但无可否认，日本神话中的核心人物是统治者高天原的太阳女神天照大御神。在弥生时代晚期，萨满统治者卑弥呼可能也并非特例。卑弥呼之后，是 7 世纪的女天皇持统和其他女性，随后还有紫式部与清少纳言这两位平安时代中期最伟大的作家。

虽然中世日本只有一位尼将军，但武士家庭中的女儿也像儿子那样要经常接受箭术和其他军事技巧的训练。女性接收一部分家族庄园，自己持有财产，偶尔也继承地头的职位。只要社会有序，女性的生活相对比较顺利。不过，随着争战在 14 世纪变得越来越普遍，她们的地位开始下降。随着 15 世纪到处爆发战争，她们的地位一落千丈。武士的封地——他在战斗中为主君服务的报偿以及他继续服务主君的保证——变得异常重要。为了保护封地，儿女均可继承家庭财产的多子继承制让位于由能力最出色的儿子继承财产的单一继承制。

在（人类学家定义的）大众文化中，女性有时被视为天生有罪。15 世纪，早年从中国引入的短篇佛经《血盆经》在平民中传播开来。该经文将经血认定为一种污秽来源，并针对没有用净化仪式自我清洁的女性，描绘了一处特殊的佛教地狱。在较早的年代，基于神道教的污秽概念，需要为生产期间的妇女提供分娩小屋。这是否助长了《血盆经》信仰的传播？还是应该通过女性社会地位的下降来解释这一切？

足利时代

有时，正式的政治制度在其稳定性方面似乎坚如磐石，历史在其提供的框架之内发展。然后，几乎就像是在万花筒的一转之间，旧的制度崩溃并被一扫而空。在它们的位置上出现了新的制度和新的个人关系模式。这些制度和模式往往早已开始在旧制度和旧模式内部形成。要解释动荡发生的时机并不容易，但它们很容易辨别。其中一次就发生在 1331 年至 1336 年间的日本。

武家统治：平氏、源氏与足利家（1160—1467 年）

116—1180 年	京都平氏政权
1185—1333 年	镰仓幕府
1185 年	源赖朝建立幕府
1219 年	北条家篡政
1221 年	朝廷起兵反抗
1232 年	《贞永式目》作成
1274 年和 1281 年	蒙古袭来
1336—1467 年	足利幕府
1336 年	足利尊氏创建幕府
1392 年	南朝结束
1467—1600 年	战国时代

在镰仓时代晚期的社会中出现了各种紧张关系。武士的家产在他的子嗣中间分割。经过几代人，家臣陷入贫困。镰仓的高阶家臣对北条家垄断幕府的要职感到不满。与此同时，封臣与镰仓主君间的附庸关系也正在疏远，而与他们所在地域内其他武士家的日常实践关系却日益紧密。新的地方武士团随时准备破茧而出。1331 年，认为天皇应当实际掌权的后醍醐天皇起兵反抗幕府。镰仓方面派遣了源氏一支分家的首领足利尊氏（1305—1358）前往镇压。然而足利尊氏反过来加入了朝廷一方。这向其他的地方领主释放出明确的信号，他们摆脱镰仓的控制并摧毁了北条家控制的幕府。

在 1331 年至 1336 年反抗的尘土、混乱和血腥中出现了"足利体制"。该体制可以从两种角度加以描述。首先，这是一个主要由自治的地方领主组成的分散体制：每位领主都透过他的首要封臣管理自己的辖区，每位领主都拥有自己的封臣军队。因为存在这样的地方自治，后醍醐天皇在 1336 年败于足利尊氏后，尚能在奈良以南的山区建立一个对立的"南方朝廷"，并持续到 1392 年。足利幕府缺乏使其归降的力量。

当然，也可以从相反的角度出发强调足利将军和他的京都幕府具有核心地位。所有地方领主都是他形式上的附庸，尽管他能依仗的只有京都一带的领主。幕府有自己的简单而实用的官衙：管理治安和军事事务的侍所，管理财政事务的政所与解决纠纷的评定众。官职由足利家的封臣充任，最值得信赖的封臣职位最高，并且兼任京都周边诸国的守护。幕府还分别任命封臣照管其在关东以及东北、四国、九州的利益。

第三代幕府将军足利义满是这个时代最强大的人物。他加强了对京都朝廷的控制，并为强调朝廷之权威，于 1394 年放弃将军这一武家职位，将之传给自己的儿子，以便出任朝廷的最高官位太政大臣。他用从未兑现的承诺说服了"南朝"归顺京都。他改善了与大寺社之间的关系，并与中国明朝建立了联系。最为重要的是，他的一系列军事行动削弱了京畿一带以外的地方领主的自治权。不过，即便是这位第三代将军也不得不依赖他属下的封臣及其军队。为了加强他们作战的实力，足利义满赋予他们征税的权力，统一管理他们领地内所有的司法、行政和军事事务的权力，并将无所属的武士收编为直属家臣。但如此一来，他为后面的接班人留下了问题。数代之后，由于地方领主与幕府将军之间的个人忠诚关系薄弱化，以上这些权力使得地方领主几近独立。下移一个层级也是如此。武士家臣与地方领主之间的忠诚关系也越来越弱。在足利幕府各地统治的缝隙之中，新的地方武士团开始形成。

农业、商业与中世行会

中世日本的人口数据只能粗略估计。学术成果显示，1200年时约为六百万人，1600 年时约为一千六百万人。周期性的饥荒限制了镰仓中期的人口增长。但镰仓时代末期及足利时代则出现了大幅增长，仅在战国时代略有放缓。导致人口增加的第一个因素是瘟疫和饥荒的减少，大概还有更高的出生率。第二个因素是商业、手工业和城市的关联发展，特别是在 15 世纪和 16 世纪。第三个因素则是耕地的扩大和农业技术的改善。铁制工具的使用已经普及（铁在弥生时代就已进入日本，但直到平安时代晚期才大量出现）。新的水稻品种得到开发，灌溉和堤防也得到改善。复种制开始实行，秋季和冬季，人们在干旱地区种植蔬菜，然后在春季和夏季引水灌地并种植水稻。

在奈良时代和平安时代早期，农业几乎是经济的全部。日本没有货币，也少有商业，不存在重要的城市——除了奈良这个靠国库拨款成长起来的寺町，以及靠赋税供养的京都。以中国为榜样，政府已经设立了铸币局，但实际流通的货币非常之少。税收以粮食或劳动力的方式支付。少数商业交易主要是以物易物，以丝绸或谷物作为交换媒介。工匠为他们所依附的贵族家庭或寺院制作产品。农民则在经济上自给自足。

平安时代晚期开始，部分因为税收定额制的副作用，不断增加的农业剩余产量更多地留在了地方，尽管不一定掌握在耕种者本人手中。镰仓时代和足利时代，这种趋势缓慢加速，武士从庄园中分割的收入越来越多。工匠随之脱离了贵族家庭，开始为更广阔的市场从事生产。军事装备是商业的早期主要产品，但日本酒、木材、纸张、植物油、盐和海产品逐渐开始商品化。对铜钱的需求出现了。日本不再铸造铜钱，需要从中国大量进口。

在镰仓时代，经营工匠产品的独立商人出现。一些贸易网络遍布日本全国。更常见的是，工匠和商人的行会（日语称"座"）——与中世纪欧洲的行会不同——支付一笔费用以获得特定地区内的垄断权。京都的行会向强大的贵族或寺庙交纳这笔钱财，后来则转向足利幕府。其他地区，行会特权从地方领主处获得。从镰仓时代起，日本的许多地方会在河畔或十字路口定期举行集市。一些日本今天的地名揭示了这种起源。四日市是一个工业城市，名字意为"逢四举办的集市"。四日市最初每个月的四日、十四日和二十四日都举办集市。15世纪开始，这些集市举办的频率越来越高，直到最终建立永久性的城镇。

战国时代（1467—1600年）

战争在所有地方都是旧制度的溶解剂。而历史上没有哪里比1467年至1600年的日本更清楚这一点。1467年，关于下一任足利幕府将军的继承人人选出现了争议。这场争端导致了两位地方领主各自支持一位候选人，相互争战。其他领主则利用这个机会侵吞弱小的邻国，扩张土地。战争在整个日本肆虐了十一年，大军在首都的街道中作战。京都在战斗中被摧毁了大部分，足利幕府的权威也走到了终点。第一次大战于1477年结束，但短暂休息后，战火又再重燃并持续了一个多世纪。

所有人对所有人的战争

甚至在1467年之前，足利政权就一直不稳定。地方领主（守护大名）依靠与幕府的关系来控制实力较强的封臣，同时依靠这些封臣维持他们在强邻面前的独立性。幕府权威在1467年的崩溃，解除了最后的安全阀。守护大名的命运只能凭自身的造化了。走向内战的最后一道障碍不复存在。

然而，守护大名实力过于脆弱，无法保证自身的独立。他们的领地内各种管辖权盘根错节。土地或许属于"公有"（因此仍然要向京都支付一些赋税），或许属于庄园，有些甚至开始转为私人封地。土地的收益可能送缴京都贵族、守护大名或者当地有力武士。大多数领地中都存在不属于大名封臣的武士团。一些大名在其他大名的辖区内有土地。有时封臣的军事实力比他们的大名领主更为强大。一些地方封臣指挥着乡村武士团。守护大名一旦变得无依无靠，就成为其封臣及强邻的猎物。

早云寺殿二十一条

战国大名经常为教诲其家臣而制定"家法"或行为准则。北条早云（1432？—1519）坐上大名之位时年事已高。他削减了领地内农民的赋税，并与他的家臣共享战利品。他的《早云寺殿二十一条》部分引用如下。

这些道德训谕是如何让武士准备好为他们的主君服务呢？

1. 第一须虔心敬佛。

2. 清晨要早起。若是起身迟晚，仆役也自散漫，公务私用皆不得谐，致主君见弃。须慎。

5. 虔诚礼拜，固然当行。然更为紧要者，乃正直和平之心。敬上怜下，去伪存真，有便是有，无便是无，方合天意。即便不求，但是有心，必有神明护佑……

6. 刀具衣装，莫思攀比，适可而止。若为好看，寻人借贷，是为无益虚荣，反落人笑柄。

12. 闲暇时，将书本揣于怀中，于人不留意处，可翻看阅读。无论醒，睡，均不可忘，文字才能熟稔。书道亦同此理。

14. 对上下，对万民，不可有一字半句虚言。些微小事，亦应据实。虚言一出，便即成癖，遭人看轻。若被指正，一生之羞。

16. 公务之余应习马术。乘马走步之功扎实以后，再行习练抖缰等其余妙技。

17. 当求之益友，乃有助于书道学问者；当舍之损友，乃共耽于琴棋笛箫者。玩笑小事，不知不为羞，知亦不为耻，聊胜虚掷光阴而已。人之善恶，全凭择友。三人行，必有我师；择其善者而从之，择其不善者而改之。

20. 傍晚时分，巡视各处，亲自检看厨房、居室火种，严嘱家人，务要灭尽。亦要时时留意，邻家起火时莫要殃及自家，夜夜叮嘱，严加防范。妇道人家，不论身份高低，往往不知用心，衣衫用具，随意摆放，粗疏大意，不免欠妥。所以即便有人使用，也不可不闻不问，一概交代。事事躬行，则知其详，方可委派妥当。

21. 文武弓马之道乃武家之常，自不待言。古法文左武右，非兼修不可并得。

Hiroaki Sato, *Legends of the Samurai*（Copyright © 1995），pp. 249–253. Reprinted with permission of The Overlook Press.（中译引自许译分译《早云寺殿二十一条》，《日本家训研究》，天津人民出版社，2006 年。——译者注）

到了 16 世纪末，足利幕府的所有大名都被推翻，除了九州南部一个例外。在他们的位置上出现了数百位领地较小的"战国大名"，每一位都率领着一支武士团。在今天濑户内海附近的一个县，已经确认了属于这些大名的两百座山城遗迹——类似多瑙河沿岸的欧洲城堡遗址。这些大名之间的持续战争与欧洲早期封建时代的战争没有什么不同。

"适者生存"的日本式表达——"弱肉强食"，经常用来形

姬路市的"白鹭城"始建于战国时代，并于 1600 年之后不久落成。在德川时代太平年间，它是大名荣耀的象征。今天坐在"子弹头列车"上就可以望见。

容这一百年的战争时代。在大名武士团中，能够最有效地实现军事改进的那些人活到了最后。那些不那么冷酷无情，仍然默守成规的人则被打败。正如一位战国将领所说的那样，这是一个"胳膊粗说话才算数"的时代，另有人言，"武士并不在意被人称作恶狗或猛兽，重要的是获胜"①。

在战国时代早期，日本存在数百个小政权。那时，城堡建在河流上方的峭壁或山坡之上，以便在遭遇突然袭击时提供天然防御。今天，距离名古屋三十分钟车程的犬山城，是一处令人印象深刻的幸存例子。虽然没有一个世纪后的城堡那样精致

① G. Elison and B. L. Smith（eds.）*Warlords*, *Artists and Commoners*（Honolulu, *Hawaii* University Press, 1981）, p. 57.

复杂，但它是一处真正的堡垒，用以抵御敌人的攻击。随着战火的持续，数百个地方小政权让位于数十个地域政权（日语称领国）。新出现的领国城堡通常坐落在平原之上，随着城下町的成长，为满足不断扩充的军队的需求，商人蜂拥而至。别名"白鹭城"的姬路城是大名城堡的典范：它依然是一座犬山城那样的城堡，但其精心的设计和美丽的仪态也反映了大名的炫耀。最终，这些领国之间各自结盟，一决雌雄，直到16世纪后期整个日本归于一位霸主的霸权之下。

武田信玄

战国时代是一个背信弃义、残忍无情以及反复无常的时代，当时所有敌人都是潜在的盟友，所有盟友又都是潜在的敌人。武田信玄（1521—1573）是日本东部甲斐国的大名，既是一名将军，也是一位睿智的统治者。"铁扇迎敌"描绘了他与对手、另一位著名的武将上杉谦信之间的一次战斗场景。

以下段落告诉了你16世纪的日本大名关心什么。

如何治理国家：一段韵文

人即城，人即石垣，人即沟壕；仁慈为友，仇恨乃敌。

关于作战

信玄一直阅读各种书籍。他将孙子的名言印在他的旗帜之上："不动如山，侵掠如火，其徐如林，其疾如风。"马场信房曾经问道："主上，风可疾，然俄而不复静乎？"信玄回答："行军者欲速。当停止时，吾将再出号令。"信房于是感叹："主上必再胜。"主君和臣子就是通过这种方式研究军事问题。在一切事务上也都是如此。

铁扇迎敌

……刹那之间，谦信的一队旗本已转到信玄阵营的右侧，击退武田义信公的五十名旗本以及大约四百名士兵，并切入信玄公的旗本队之中。敌我双方共三千六七百人混战一处，相互刺砍。有人抓住对方的肩甲，摔抱在一起。有人刚要拿住敌人首级起身，就听旁边喝道，"此我主首级"，并挺枪而刺。此时另有一人眼见此情形，上前将挺枪之人砍倒。甲斐的军队应接不暇，不及顾念信玄公身居何处。越后一方（指谦信的军队）也是如此。

就在那时，一位身穿淡绿色阵羽织、头裹白巾的武士，骑一匹淡黄色的宝马，手持三英尺长的武士刀，直奔信玄公而来。信玄公端坐椅中，接连招架了三次，每次都险险挡住。信玄公用他的铁扇挡下了进攻。后来查看时，铁扇有八处刀砍之伤。他的侍卫队长及二十名勇猛的侍卫，发起凶猛的反击，甚至在他身周围成一圈以免不论敌友的任何人发现他，一旦有人靠近即行格杀。御中间头原大隅守（即原虎吉，大隅守是他的称号。御中间头即大名身边随从杂役的头目）拿过信玄公那柄把手上镶嵌有蓝色贝壳的长枪，刺向身穿淡绿色阵羽织、骑淡黄色马的武士，但失手未中。原大隅守又刺向那武士的盔甲顶部，这回却击中了坐骑臀部的正面。那马直接立起，然后狂奔而去。当后来询问时，才知那名武士竟然就是景虎（上杉谦信的本名）。

在信玄公的侍从中，中殿卫队的饭富三郎兵卫（即山县昌景）和他的手下击退了越后的第一支先锋柿崎军（即柿崎景家），并追出约三百码外。穴山军（即穴山信友）也将谦信的家臣新发田（即新发田重家）追出了约四百码。就是在同一时刻，信玄公身边只有御中间头原大隅守、侍卫二十人、以土屋平八郎（即土屋昌续）为首十七八名侧近。但信玄公一步不退，起身站立在座椅所在之处。

Hiroaki Sato, *Legends of the Samurai*（Copyright © 1995），pp. 204, 224–225, 21–219. Reprinted with permission of The Overlook Press.

步兵革命

在战国时代，步兵（日语称"足轻"）取代了骑兵成为日本军队的支柱。士兵仍然被称为武士。他们仍然是大名的封臣，或者通常是大名封臣的封臣。但他们的数量、社会地位和战争技术发生了巨大变化。其结果是，日本社会在短短一个世纪内改头换面。

这些变化始于土地收益的转移。足利时代的大名已经转移了越来越多的土地收入供他们自己使用，而战国大名则将其全部据为己有。无论是公地，还是庄园，包括皇室所有地在内，全部被夺走转为大名手中的封地。一般的武士从大名的土地收入中获得薪俸，而那些重要的封臣，通常是大名军队的军官或大将，都能领到一份自己的封地。封地的治理基本是私人性质的，由封地持有者全权处理。

如前所述，继承方式已为适应新的环境而更改。多子继承制——将武士的土地收入权利分割给其子女——不适合拥有世袭军人阶层的社会。这一制度使镰仓时代的封臣陷入贫困。为了保护武士的家庭经济的完整性，在镰仓时代晚期，多子继承制开始让位于单一继承制，这一变化在足利幕府时代不断积累，并最终在 1467 年之后变得十分普遍。由于封地经常传给

《平治物语绘卷·三条殿烧讨》，彩本绘卷，41.3 厘米 ×699.7 厘米。1159 年至 1160 年的平治之乱结束了院政（上皇统治）并开启了一个新的时代。这幅画描绘的是上皇居住的三条殿被火烧的情景。

最有能力，而不一定是最年长的儿子，这种模式通常被称为"单一继承制"，而非"长子继承制"。

随着收入的增加，战国大名建立起了更大规模的军队。他们从农民中招募兵员。一些新招募的士兵迁居到大名的城下町。其他人则留在他们的村庄，平时劳作，战时出征。军人阶层的扩大早已开始。关于 12 世纪战争的记述谈到数十或数百名武士的战斗，有时甚至更多。平治之乱的绘卷证实了这类数字。到 14 世纪，战斗开始涉及数千或数万军队。到 16 世纪末期，已有了数十万人参加的大型战役。屏风图显示大量军队在固定阵地中集结，只有军官才骑在马背上。当然，骑兵部队仍然被用作打击力量。

14世纪中期开发出一种新型武器：粗柄，带重型凿状刃部，用于穿刺的长枪。双手持枪，它可以穿透中世纪的盔甲，而刀不能。它也可以像铁头木棍那样用来挥击。长枪队以三英尺的间隔列阵，采用针垫战术穿透骑兵队伍。这件武器终结了日本的高贵武士，正如15世纪瑞士士兵使用的长矛终结了欧洲北部的骑士精神。1467年后，长枪成为战国日本的主要武器。在这一武器传播的同时，大名开始招募农民士兵。这并不奇怪，因为使用长枪只需要简短的培训。到16世纪初，每个战士的梦想都是成为他主君的"头号枪手"。即使是将领也接受过长枪训练。一位著名的将军写道："长枪一百胜过太刀一万。"

战国将领迅速采用的第二项创新是使用了16世纪中期通过葡萄牙人引进的火枪（日语称铁炮）。这一武器的有效性在1575年的长筱之战中得到了体现。当时织田信长和德川家康使用长枪和火枪组成的阵列对抗敌方战术名将的骑兵。织田信长在竹栅栏后面聚集了三千名火枪手并发起齐射，以此摧毁了敌人的部队。随着个人单挑让位于大规模的军团作战，战争变得无情、残酷并且血腥。

对外关系与贸易

在足利幕府时代，日本的海盗—商人横行于近海区域，有时甚至出发袭击朝鲜或中国北方沿海的城市。15世纪和16世纪期间，他们拓展活动范围，沿着亚洲海岸一直延伸到越南南部。为了迫使他们停止劫掠，明朝皇帝邀请足利幕府的第三代将军与中国进行贸易。1404年，双方达成协议，明朝皇帝册封幕府将军为"日本国王"。在接下来的一个半世纪中，日本定期向中国"遣使朝贡"。然而，海盗行为并没有结束，直到日本在16世纪末完成统一后才最终停止。

日本的对外贸易受到国内手工艺品和商业增长的刺激。用于交易的货物反映了日本的发展。对中国的早期出口物是铜、硫黄或白银等原材料，但到了16世纪，制成品的比重日益提高，其中包括日本刀、长矛、酒瓶、折扇、绘卷、屏风画、砚台等。日本用它们换回铜钱、瓷器、绘画、书籍和药品。

欧洲船只的到来与日本在东亚海域的海上扩张相互重叠。葡萄牙的海盗—商人乘船前往印度果阿、马六甲、中国澳门，并于1543年抵达日本。西班牙的大型帆船于1587年途经墨西哥和菲律宾抵达。数十年后，荷兰和英国的商人纷至沓来。

葡萄牙是个拥有一百五十万人口的小国，驱动他们的是对战利品和利润的渴望以及宗教的狂热。他们的船只十分优越。利用中国明朝的海上贸易禁令，葡萄牙人承担了转运人的重要身份。他们将东南亚的商品和日本的白银运往中国，将中国的丝绸运往日本，然后利用其利润为欧洲市场购买东南亚的香料。葡萄牙人发现，与日本各自为政的大名交易，要比与统一的中国当局打交道更为容易，至少最初是如此。一些九州的大名，为了吸引葡萄牙商人，皈依了基督教。

贸易商人带来了耶稣会的传教士。耶稣会成立于 1540 年，在教宗反对宗教改革的运动中冲锋陷阵。九年之后，圣方济各·沙勿略（Saint Francis Xavier, 1506—1552）就抵达了日本。他很快就向本部回信称，日本人是"到目前被发现的、最好的（民族）"。另一位耶稣会士写道，日本人"都皮肤白皙、彬彬有礼、高度文明，以至于超越了世界上所有其他已知的种族"。日本人则相对地对耶稣会士的清修、虔诚和博学表示称赞。

就像他们试图在中国洗礼学者与官员那样，耶稣会士在日本则将他们的努力指向了武士阶层。进驻京都后，耶稣会士赢得了织田信长的青睐。在与比叡山的僧兵作战以及与大阪的净土宗据点作战的过程中，都能见到织田信长的身影。葡萄牙和基督教的物品成为时髦。画家制作出描绘葡萄牙人"黑色船只"的"南蛮屏风"。基督教符号被用在漆盒和马鞍之上。信长自己偶尔会穿着葡萄牙服装、佩戴十字架，并表示只要耶稣会士放弃他们对一夫一妻制的坚持，他就可能皈依基督。基督教皈依者从最初的少数人增加到 1579 年的十三万，1600 年的时候更达到约三十万。这也就是说，在 16 世纪后期，日本的基督徒比现在还要多。

很难解释为何基督教此时会在日本取得比东亚其他地区更大的成功。它最初传入时被视为一个新的佛教宗派。在真言宗的大日如来和基督教的上帝之间，在阿弥陀佛的极乐世界和基

南蛮屏风。葡萄牙商人于1543年经印度和东印度群岛抵达日本，船员种族多样，随行有耶稣会教士。

督教的天堂之间，或者是在对着观音——女性的大慈大悲菩萨——还是圣母马利亚祈祷之间，日本人似乎没有感到分别。日本人还注意到净土宗与基督教信仰告白之间的神学相似性。罗马书10章13节中"凡求告主名，就必得救"这句经文，让日本人联想起净土宗中念诵阿弥陀佛名号的做法。耶稣会士也注意到这些相似之处，认为魔鬼已经在日本建立了这些教派以检验其信仰。沙勿略，其苦修令人钦佩，却狭隘地认为历史上的佛陀和阿弥陀佛是"两个恶魔"。这种不宽容导致了紧张和敌意，但基督教的传播在很大程度上仍然依靠耶稣会士个人。

佛教与中世文化

奈良时代和平安时代有时被称为古典日本或古代日本，尽管它们与希腊或罗马几乎没有共同之处。随后的时代——比方说，1200年至1600年——如前所述，通常被称为中世。这符合这一术语的根本含义：它位于前现代日本历史的另外两个主要时段的"中间"。这段时期称为中世也是因为它与中世纪的欧洲和中国有一些共同点。然而，在以下方面日本存在显著不同。罗马帝国之后，"蛮族"入侵摧毁了欧洲，几乎一千年的时光将古典与中世纪盛期分隔开来。即使算上查理曼大帝，欧洲也要经历五百年的等待。汉朝灭亡之后，中国也经历了四百年的政治不统一。相比之下，中世的日本与之前的时代无缝衔接。人们甚至可以感受到文化和政治的交叠。

在文化的每个分支中都可以看到日本的连续性。早先的诗歌传统继续充满活力。1205年，下令编纂《新古今集》的天皇，就是1221年开始反抗镰仓的那位后醍醐天皇。大和绘的绘画风格在12世纪早期源氏绘卷达到顶峰，并延续到中世，以历史和宗教或者童话般的冒险故事为主题。手工艺制造从未间断。制作珍珠母镶嵌漆器——比方说平安宫廷女性的妆奁盒——的相同技术现在被用来为镰仓武士制作马鞍。简而言之，正如平安时代的庄园和朝廷的权威在镰仓时代继续存在一样，平安时代的文化也延伸进入中世的日本。

尽管如此，新的时代也具有明显的新特征。随着社会的领导从宫廷贵族转向军事贵族，新的文学形式出现了。中世纪的军记物语与《源氏物语》不同，就像骑马武士的盔甲与宫廷贵族的丝袍不同一样。中国发挥了新的文化影响力。如果唐文化塑造了奈良时代和平安时代，那么中世文化就是宋文化的塑造。这在中世水墨画中得到鲜明体现。最重要的是，中世的数百年是日本的佛教信仰时代。镰仓时代发生了"宗教革命"，在足利时代进一步深化。

日本信仰的教派：净土宗与日莲宗

平安时代的天台宗教义之一是相信历史上佛陀的真正教义已经失落，唯一的救赎之路就是向统治西方极乐世界或者说净土的佛陀——阿弥陀佛——发出呼求。在 10 世纪和 11 世纪，游方僧人将净土宗的教义和实践传播到京都的狭隘圈子以外。例如"市圣"空也（903—972），不仅在京都和各国说法，还向日本最北端的原住民阿伊努人传讲佛法。

首都发生的地震、疫病、火灾和匪患以及全国各地的战火证实了世界已在末法邪世堕落、只能依靠信心得救的教义。这个时代的深刻佛教色彩可以在 13 世纪的《平家物语》的开篇

空也上人念佛。平安时代的僧侣空也在京都和整个
日本宣扬净土教义。他是镰仓净土佛教的先驱。从
他的口中吐出的都是小型佛像。

中看到。这部作品完成于《源氏物语》和清少纳言的《枕草子》之后的两个世纪：

> 祇园精舍之钟声，响诸行无常之道理；娑罗双树之花色，显盛者必衰之真谛。
>
> 骄奢者绝难长久，宛如春夜梦幻；横暴者必将覆亡，仿佛风前尘埃。①

两位早期镰仓时代的人物以宗教天才的身份脱颖而出，他们身怀对净土佛教真理的体验。称仅仅念诵阿弥陀佛的名号就足以获救，而且仅仅是信心而非功德或仪式才算数的，法然（1133—1212）或许是第一个。这些主张使他与既有的佛教旧宗派发生冲突，并标志着净土宗作为一个独特宗派的出现。在法然之后是亲鸾（1173—1262），他创立了另一个宗派。亲鸾教导说，如果以完满信心达成，那么即使是只赞颂一声阿弥陀佛也能带来救赎。但完满信仰心是阿弥陀佛的施与，无法通过人自身的努力获得。亲鸾又教导说，骄傲是心思纯洁的障碍。

---

① A. L. Sadler, trans., *The Tenfoot Square Hut and Tales of the Heike* (Rutland, VT, and Tokyo: Charles E. Tuttle, 1972), p. 22.（中译出自王新禧译《平家物语》，上海译文出版社，2011 年。这段著名的开篇，另有周作人的一种七言译本："祇园精舍钟声响，诉说世事本无常。沙罗双树花失色，盛者必衰若沧桑。骄奢主人不长久，好似春夜梦一场。强梁霸道终殄灭，恰如风前尘土扬。"——译者注）

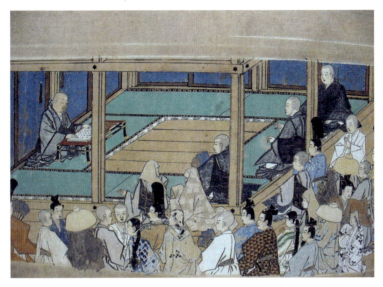

藏于知恩院的《法然上人绘传》（局部）。此段描绘了法然在东山吉水开创净土宗。

他因以下教法而闻名，"善人犹能往生净土，何况恶人哉"。亲鸾认为，恶人更不太可能认为他是自身救赎的来源，因此更容易完全信任阿弥陀佛。

亲鸾对信仰心的强调使他与许多佛教的传统修行决裂：他食肉并娶了一位尼姑为妻（此后，净土真宗的僧侣都可以结婚），并且教导只要心思纯洁地从事工作，所有职业都同样神圣。被逐出京都后，亲鸾在日本巡游四方，建立了"净土真宗"（真正的净土宗）。（当 16 世纪耶稣会士到达日本时，他们称这个教派为"魔鬼掌控的基督教"）

由于亲鸾之后杰出的说法者辈出，同时也由于教义简单并且只依赖信心，净土宗成为日本佛教的主要形式，直到今天仍然如此。除了比叡山的天台宗，它也是中世日本唯一发展出政治和军事力量的教派。作为强调信心的宗教，它认识到一个强大的教会可以保护那些仍然活在此世的获救者。随着农民在 15 世纪的相对军事化，一些净土宗村庄里的信众组建了自卫部队。这些部队有时会反抗封建领主的统治。在一次事件后，净土宗的军队统治了加贺国一个世纪有余。信众的势力在 16 世纪后期遭到粉碎，教派也被非政治化了。

日莲（1222—1282）创立了第二个祈祷教派，他相信法华经（妙法莲华经）完美地体现了佛陀的教义。他指示他的追随者一遍又一遍地念诵"南无妙法莲华经"，并且通常伴随有快速的鼓点。就像净土真宗对"南无阿弥陀佛"的重复，或者世界各地其他宗教中与之相当的口头咒语一样，唱诵是引发宗教狂喜状态的最佳方式。内在精神的转变对于佛教的祈祷教派和冥想教派而言是共同的目标。日莲出名，是因为他身为一名佛教徒却并不宽容并且具有民族主义思想。他把他那个时代的弊病归咎于与他作对的教派，并声称只有他的教派才能保护日本。他预料到元军将会入侵，而他的教派则声称沉没了元军舰队的"神风"是他们的功劳。甚至他所取的法号"日莲"，也是将日本作为冉冉升起的太阳的特征与莲花象征佛教的特征结合起来形成的。

艺术与禅宗

日本的禅宗佛教发展出一种艺术理论，影响了中世高级文化的各个门类。该理论简而言之，就是直觉行动胜过有意识的、有目的的行动。最好的画家其技艺已经娴熟到不需要再考虑技术问题，而是将作画当成一种自然而然的行为。放下画笔拿起武士刀，同样的理论仍然适用：一个不得不停下来考虑下一步行动的武士将在战斗中处于劣势。在这种对直接、直觉行为的强调之上，禅区分出执心与本心。后者也被称为"无心"，或者说处于觉悟状态下的心灵。最高级的直觉行为就源起于此种心灵状态。这个理论快速应用于演员的表演、陶艺、箭术、花道和茶道。试比较以下两个段落，一则出于能剧创作大师世阿弥（1363—1443），另一则出于德川时代初期著名的禅宗大师泽庵宗彭（1573—1645）。

同样的理论可以应用于棒球运动吗？如果可以的话，棒球运动会因此发生改变吗？

1. 有时能的观众会说，"一动不动的时刻才是最令人愉快的"。这就是艺人秘藏的技巧。舞蹈与歌唱、动作和不同类型的模仿都是身体在表演。"不动"出现在动作之间。当我们钻研为什么这种"不动"之动令人欣赏的时候，我们发现这是由于演员在用潜在的精神力量持续地抓住观众的注意力。当歌唱、舞蹈结束时或者对话及不同类型的模仿出现间隔时，艺人不会松弛身心，而是保持坚定不移的内在力量。这种内在力量的感觉会微弱地显露出来并成为享受。然而，艺人不允许这种内在力量对观众显而易见。如果它是显而易见的，它会变成一种动作，而不再是"不动"。必须进入一种无意识的状态以联结"不动"前后的行动，此时艺人甚至对自己隐瞒住自身的意图。因此，将所有艺术力量与心联结，这就是感染观众的能力。

2. 剑客应如何住心? 心若置彼身, 则为彼身所取; 若置彼剑, 则为彼剑所取; 若置杀敌, 则为杀敌所取; 若置我剑, 则为我剑所取; 若置戒备, 则戒备所取。若置彼我姿态, 则为彼我姿态所取。故而心无所住。

1. From *Sources of Japanese Tradition*, trans. by W.T. de Bary. Copyright © 1958 by Columbia University. Reprinted with permission of the publisher.

2. From *The Buddhist Tradition* by W. T. de Bary. Copyright © 1969 by W. T. de Bary. Reprinted by permission of Random House Inc.

禅宗

冥想一直是日本寺院修行的一部分。从宋代中国学习回来的僧侣在 1200 年前后的几十年中引入了禅宗的教义和新的冥想方法。1191 年, 荣西 (1141—1215) 带回临济宗的禅法, 而 1227 年, 道元 (1200—1253) 则带回曹洞宗的禅法。镰仓的北条家统治者及京都足利家的统治者是临济宗禅寺的赞助者。道元则在日本西部沿海建立了教派, 远离政治权力的中心。

禅宗是一种悖论的宗教。它的僧侣本来博学, 却强调了通过直觉一瞬的理解, 向无知回归, 向无杂念的"本心"回归。禅宗对待传统一丝不苟, 并且是最中国化的日本中世教派。禅师对他的弟子拥有绝对的权威。然而禅宗也是反传统的。绘画中描绘了禅宗智者撕毁经卷的场面——借以表明重要的是宗教经验而非文字。在一个严格结构化的寺院生活规则中，僧侣经过长时间的冥想，与他们的老师会面，通过充满生机的交流，检验他们对佛教的理解。佛教强调对所有有情众生的怜悯；然而在日本，禅宗教派包含许多武士，他们的职责乃是杀死主君的敌人。一些军事领袖鼓励他们的家臣修习禅法，以期增强他们的责任感；一小部分北条家及足利家的统治者甚至自己也尝试禅修。

禅宗影响了中世日本的艺术。最美丽的花园位于禅宗寺庙中，许多都是由禅宗大师设计的。其中最出名的是龙安寺，白色砂地与其上布置的十五块岩石组成了那里的庭院。其他略微不那么朴实无华的庭院则还点缀有苔藓、灌木、绿树、池塘和溪流。这些元素布置在庭院这个小范围内时，岩石就成了悬崖，有波纹的砂地成了河流或海洋，一个微型的自然世界就此诞生。如果庭院也可以拥有哲学般的静止，大德寺及京都其他禅宗庭院就是如此。

像如拙、周文（1415 年左右）和雪舟（1420—1506）等禅僧都是东亚地区水墨画的大师。如拙的《瓢鲇图》表现了一个男人试图用葫芦捕捉鲇鱼。就像单手拍掌出声一样，用葫芦捕捉鲇鱼也是不可能的。这种艺术性的表达被用来阐释禅宗教义的逻辑谜语。雪舟既用泼墨法以挥洒的笔触表现山川的全景，也用更常见的书法风格绘画。因为艺术家的创造力本身被认为是基于他在冥想时所获得的理解，所以一道瀑布或者乌鸦立在深秋的枯枝上这样的画作，其宗教色彩不逊于禅宗神秘的创始人菩提达摩的画像。

白隐的开悟

白隐（1686—1769）是一位诗人、画家和禅师。他用中文也用白话日语写作。他是中世后期禅宗传统经久不衰的生动象征。以下段落来自他的精神探索自传。第一部分重忆了他的失望和失败并讲述了他最初的开悟。然而，他的老师并不认为他已经合格。第二段则讲述了他八年后的经历。

1

二十四岁之春，在越后英岩寺僧舍苦吟。昼夜不眠，寝食共忘。忽然大疑现于眼前，胸里如冻杀在万里一条层冰里那般，分外清洁，进不得，退不得，痴痴呆呆只一"无"字。虽陪在讲筵闻师评唱，却如身在数十步外闻堂上议论。又如行在空中。如此者数日，乍闻一夜钟声而有发转。如水盘掷碎，似玉楼推倒。忽然苏息醒来，自身直是岩头和尚，贯通三世毫毛无损。从前疑惑冰消底尽。高声叫曰："也太奇，也太奇，无生死可出，无菩萨可求。"

2

三十二岁时住此破院（松隐寺）一夜梦见吾母以紫绢衣付予。提起觉双袖甚重，探之各藏一面古镜，径可五六寸。右手者光辉透彻心肝，自心及山河大地如无底澄潭。左手者全面无一点光辉，其面如新锅未触火气者。忽觉左边的光辉百千亿倍胜出右边。由此见万物如见自己之面，方才了知所谓如来目见佛性一事。

能剧

足利时代文化的另一大重要创作是能剧，这是一种在东亚其他地方没有与之相似剧种的神秘戏剧。它作为世界上最古老的、活的戏剧传统而留存至今。能剧的表演场地是一个几乎正方形的、光秃秃的木制舞台（经常在户外）。演员是男性，穿着华丽的长袍并带着雕刻而成的绘有谜样表情的面具。今天，许多能剧的面具和服装都是"国宝"。乐队在长笛和鼓的伴奏下吟唱文字。台词十分诗意。动作极其缓慢并且风格化，在舞台上盘旋而走可以代表一段旅程，而手的垂直动作则代表阅读信函。在大多数能剧中，主角都会在关键时刻被另一个人的灵魂所占据，并且表演舞蹈（灵魂附体在日本民间宗教中司空见惯，《源氏物语》中也有发生）。一场演出会上数种剧目，在不同剧目之间通常会插入称为"狂言"的滑稽短剧来舒缓气氛。

能剧揭示了中世文化中出现的主题混合。有些剧目以源平合战中发生的事件为中心。有些剧目则是宗教性的，一位用鸬鹚捕鱼的渔翁因为向一位僧人提供住宿而从地狱中被拯救出来。有些剧目从源氏物语或平安宫廷中收集故事，平安时代著名的美女和诗人小野小町为她抛弃的恋人的灵魂附体；他们之间的冲突在佛教的来世得以解决。许多戏剧中都可以看到佛教无常、现世苦难的思想，以及放弃俗世执迷的必要性。有些剧

铃木春信所绘《见立白乐天》，将能剧中的渔夫改为妙龄少女，对诗变成拼画，由此形成全新的画面。

目与童话故事非常接近：一位渔夫拿走了仙女的羽衣，但当仙女开始染病并日益憔悴时，渔夫归还了羽衣。仙女因此为渔夫跳了一支只在天上才有的舞蹈。有些剧目则基于来自中国的故事，一位旅行者在等待一碗粟米蒸熟的同时，在魔法枕头上做了一场大梦，梦中他宛如度过了一生。另一出剧目则反映了日本一直以来对大量借鉴中国文化的矛盾心理，在日本最受尊敬的唐代诗人白居易在海上行船来到日本沿岸，在那里，他遇到了一群渔夫以和歌把他挡了回去。一位渔夫说道：

> 君在唐土以佛经入诗颂，吾辈以唐土诗颂制歌（uta）。
> 自此吾歌融汇三土，是和之大成，吾辈名之为大和（Yamato），吾歌亦即大和歌（Yamato uta）。[1]

最后，一位渔夫变身成为日本神道中的歌道之神，并表演舞蹈"海青乐"。

---

[1]　A. Waley, trans., *The Nō Plays of Japan* (New York: Grove Press, 1957), p. 252.

历史视角下的中世日本

"封建"一词暗示着一个由主君和他们的封臣统治的社会，这在 12 世纪镰仓幕府下的日本仅部分适用：源氏的封臣数量很少，京都的旧朝廷以及其驻在各国各地的官衙仍在运作，皇室、贵族和寺社这些京都的"既有权力集团"继续拥有、管理并从其地域广大的庄园上获得收入。然而到 16 世纪中期，情况发生了变化：军事阶级扩大了，武士的封地已经取代了庄园，单一继承制确立，武士伦理渗透进入社会，大名属下最高级别的家臣拥有自己的封地和封臣，经济已经彻底改造以适应其军事领主的需要。以这些来看，日本确实进入了封建制。

然而，16 世纪的日本也可以说成与后封建时代的欧洲具有更强的相似之处。

第一，军事阶层的大多数成员都是步兵，而非骑兵。他们被称为武士，是主君的封臣，但他们在任何意义上都不是封建贵族。主君没有分封他们土地，而是调拨大量的俵米 ① 作为他们的俸禄。

第二，与封建阶级仅占人口的约百分之一的中世纪英格

---

① 俵在日语中指秸秆编成的、盛米用的圆柱状容器，武士的俸禄常常用米多少俵来表示。——译者注

兰不同，在 16 世纪中期的日本，这个数字可能达到约百分之七或百分之八。这一规模与 15 世纪或 16 世纪的欧洲雇佣军更为相似。

第三，招募村民作战显著地增加了战国大名的力量，但也引发了问题。赋税变得更难征收。地方武士经常参与起义。特别是当净土宗教团出面组织时，这些起义有时会波及一国，这大概与后封建时代欧洲的宗教战争更加接近。

第四，即使在封建社会，也并非一切都是封建制的。镰仓时代和足利时代的商业增长在战国时代的黑暗中仍在持续。

思考

1. 是否存在所谓"贵族"文化，或是说这个词是指任何属于精英的文化，而缺乏固定的内容？平安朝的显贵与早期的足利幕府武士相比，哪一方更为贵族化？

2. 在日本军事阶级从 10 世纪到 16 世纪的演变过程中，关键的转折点在哪里？

3. 将足利时代的高级文化与平安时代晚期的高级文化进行对比。除了军事色彩更重了之外，变化在哪里？

4. 1467 年以后日本的战争，其政治和社会影响是什么？

第三章

德川统治时代

本章提纲

- 统一天下的人：信长、秀吉与德川家康
- 17 世纪
- 18 世纪与 19 世纪初期
- 德川时代的文化
- 历史视角下的德川时代日本

"母亲为她的儿子洗澡"。喜多川歌麿（1753—1806）的木版画。注意浴盆的箍桶工艺、木屐、简洁而优雅的和服设计，还有挂在右上角晾干的另一件和服。

中世纪晚期的欧洲经历了一个被称为"封建君主制"的阶段。那时国家的君主与其边远属地之间维持平衡。在这种均衡中，所有的地区领主，身为国王封臣的同时，也至少在管理辖区事务及维持独立的军队方面享有部分自治权力。但这种平衡很少处于稳定状态。在历代君主努力下，法国走向了更加中央集权化的道路，直到封建领主最终被摧毁或丧失自治权。在德国，情况正好相反，中央失败了，许多大大小小的独立国家出现。

如果以欧洲的视角来看，德川时代的日本是异常的，因为强大的中央政权与许多半自治的大名国家之间的平衡维持了两个多世纪，没有滑向任何一方。日本的海外孤悬有助于维持平衡；该国从未受到外部威胁的严重挑战。早期的德川政权的领袖对建立稳定制度的用心也很关键。

统一天下的人：信长、秀吉与德川家康

战国的活力推翻了足利时代的大名并导致较小的封建主被较大的政权吞并。1568 年至 1600 年间，这种活力合乎事物发展的逻辑，在全国统一的过程中达到了顶峰。第一位一统天下的人是织田信长（1534—1582）。在征服了本州中部所有地区之后，他废除了行会和关税障碍，后者曾令日本就像是一个个独立的商业王国拼接在一起而成的国家。一些经济史学家认为，这种经济统一为政治统一提供了助力。但是，1582 年，在信长能够征服日本其他地区之前，一位封臣反叛并在本能寺（京都的一座寺庙）害他殒命。即使到了今天，"敌在本能寺"也是用来警告敌人近在咫尺的习语。

信长从前的家将丰臣秀吉（1536—1598），从一名低级步兵开始他的军事生涯，最终于 1590 年完成了日本的军事统一。之后，他着手制定政策巩固他的胜利。

第一个问题是武装农民构成的威胁。在战争中，乡村武士为他们的主君而战，他们所能给予主君的军事实力大过了他们偶尔起义的风险。然而，在和平时代，就只剩下了风险。因此，1588 年夏天，秀吉下达"刀狩令"以解除农民的武装。武器搜缴记录显示，仅日本海一侧加贺国的三千四百户人家就上缴了一千零七十三柄长刀、一千五百四十柄短刀、七百柄匕首、一百六十柄长枪、五百套盔甲以及其他各种武器。刀狩完成之后，百分之五左右的人口仍然作为武士居住在城下町，利用他们对武器的垄断来控制另外百分之九十五的人口。

战国及统一时代（1467—1600 年）

1467—1568 年	日本全国战乱
1543 年	葡萄牙人抵达日本
1568 年	织田信长占领京都、部分统一日本
1575 年	使用长枪与火枪的长筱之战
1582 年	信长遇害
1588 年	秀吉刀狩令
1590 年	秀吉完成统一
1592 年、1597—1598 年	秀吉出兵朝鲜
1597 年	秀吉禁止基督教
1598 年	秀吉去世，家臣斗争
1600 年	德川军在关原之战取胜，家康重新统一日本

解除乡村社会武装后，秀吉下令"检地"，对自己及封臣的土地进行地籍调查。调查确定了每块土地的位置、大小、肥力、出产以及耕种者的名称。在调查期间，用于测量土地的量杆以及称量大米的容器都是第一次实现标准化。检地开创了土地详细记录的典范，这后来成为德川时代税收制度的特征。根据这次调查，领国与封地按照评估的稻米产量进行了排名。

　　统一后的和平时代面临的另一个问题是，只知道战争的武士军队供过于求。为了解决他们焦躁的情绪，秀吉决定征服中国。1592 年，他派遣了一支十六万人的军队——规模小于他六年前征服九州时调动的二十八万大军——出征朝鲜。军队迅速占领并摧毁了朝鲜。然而，中国派遣了自己的远征军拯救其"幼弟"之邦，秀吉的军队被迫撤退到南方。秀吉于 1597 年发动了第二次袭击，但他于次年去世，军队无功而返。

　　秀吉为他自身权力和军事上的成功所迷惑，不顾战国时代政治行为的所有明显事实，坚持认为由他最亲密的封臣成立一个合议机构，就能履行他们对他继承人的宣誓效忠。秀吉还特别信任他的大封臣德川家康（1542—1616），后者的封地比他自己的还要广阔。他的信任是一个错误。当秀吉于 1598 年去

大坂夏之阵屏风，大阪城天守阁所藏。大坂之役是日本江户时代早期，德川家为消灭丰臣家而发起的战争，为日本战国时代的最终战役。德川家统一日本四国五岛，日本进入大一统时期。

世后，他从前的封臣几乎不再关注他的年轻继承人，而是分裂为两个对立的军阀联盟，相互争斗。1600 年，对立的双方进行了一次大战，以德川家康为首的东军取得了胜利。这场战斗后来被称为"决定国家命运的一战"。

家康狡猾精明，擅长统领他的将军，并且是一位战略大师。但最重要的是，他明智而耐心。在比较这三位天下的统治者时，日本人讲述了这样一个故事：当杜鹃不唱歌时，信长说"不鸣则杀之"，秀吉说"诱其鸣"，但是家康坐下来，说道："吾待其鸣。"

17 世纪

执掌政权后，家康进一步推动秀吉开启的变革。好战心理肯定会持续一段时间，仍有一些问题需要军事力量来解决。但家康的核心目标是建立一个能够经受严酷的和平的政权。为此，家康及其继任者从根本上重组了政体。经济和人口增长在这一时期也很活跃。两者结合使 17 世纪成为一个充满活力的时代。

德川家康的政治工程

家康及其后任的目标之一是保护德川家不受潜在外敌的影响。为此，整个日本的政权都进行了重新布局。

德川家军事力量的核心是日本东部。因此，就像四个世纪前的源氏一样，家康摒弃了京都的朝廷，并在其封地的中心江户（今天的东京）建立他的首都。他于 1603 年取得幕府将军的称号，称自己的政府为幕府，并建造了一座巨大的城堡，周围环绕着巨大的石头堡垒以及层层护城河。如今，只有内圈的护城河和城墙仍然保留着——环绕着天皇占地广阔、装饰高雅但适度的住所。德川政权的巨额税收很快便使江户成为人口百万的大都市。

家康利用他的权威在日本境内重新分配权力。他对那些与他作战的人施加惩罚：一百五十位大名的领地被没收，其他人的领地则被削减。他还惩罚了那些违反德川政权法律的大名。他赏赐地产奖励那些忠诚的家臣和盟友。一百余位直接封臣获得超过一万石大米的封地，并受封为"谱代大名"。他将二百二十九位大名从一个地区转封到另一个地区。当大名被转封到新的封地时，他只能带走居住在城下町的家臣。刀狩令解除了乡村家臣的武装，现在转封则切断了大名与这些前乡村家臣之间的长期联系，接续并完善了秀吉的刀狩工作。17世纪的第二个二十五年内，封地的没收与转移完成，全国总共二百七十家大名的制度稳定下来。

封地的重组不是随意进行的。德川家的布局包含四重防御在内。（1）内圈是约占日本土地三分之一的巨大的德川直辖领地。它包括了德川家最忠诚的家臣的领地：1600年之前便是德川家臣的"谱代大名"，以及五千名德川家的旗本（中上级武士）。直辖领地还为余下的一万七千名德川家直接封臣（称为御家人的中下级武士）提供俸禄。幕府还直辖着京都、大阪和长崎等内圈之外的主要城市。（2）第二重配置则是沿着德川中心地带的战略位置分布了二十三家"亲藩大名"的领地。早期的幕府将军将这些领地封给他们的次子或三子。当幕府将军后继无人时，亲藩将为德川本家提供继承人。（3）除了亲藩大名之外，还有"外样大名"，他们虽然在1600年作为德川家康的盟友而战，但在此之后才成为他的封臣。（4）最后，在该体制的对立面上，有少数人在1600年曾与德川敌对，却被允许以外样大名的身份继续存在。尽管领地规模急剧缩小，他们仍是体制内的"敌人"（当然，他们很快也在1600年后成为德川家的封臣）。因此，整个封地调配构成了一种防御体系，最坚定的德川幕府支持者距离江户最近。

德川政权审查了这一布局的薄弱环节并进行了相应处理。一处潜在的威胁是秀吉的子嗣——某些领主同情他们，反而对德川家的事业不够热心。为了克服危险，1600年，家康安排他六岁的孙女与秀吉七岁的儿子联姻。但是随后，他感到这一安排并不足以解决问题，于是1614年和1615年，家康和他的儿子两次带领军队攻击聚集在大阪城的秀吉派将领。战争漫长而血腥，不过德川家获得了胜利。秀吉的儿子已经二十二岁，他不愿被俘而选择了自杀，他八岁的儿子则被砍头。秀吉派支持者的土地被分配给了德川家的封臣。

第二个潜在的威胁来自那些忠于自己的教派甚于封臣支持自己领主的宗教团体，这些宗教团体偶尔也试图将所宣讲的教义付诸实践。甚至在德川霸业确立以前，信长已经于1571年大肆杀戮京都东北比叡山的天台宗僧兵，以巩固他对京都的控制。1580年，他征服了日本海一侧加贺国的净土宗大本营——这个教派试图在此世建立一处彼岸佛国。

接下来是基督教。1597年，秀吉下令禁止基督教，并在长崎将六名西班牙方济会教士和二十名日本皈依者钉死在十字架上。这一场景被描绘在了墨西哥库埃纳瓦卡大教堂（Cuernavaca Cathedral）的壁画上。秀吉了解西班牙对菲律宾的殖民，据说一名西班牙帆船舵手曾夸口说神父和商人是征服日本的第一步。零星的迫害一直持续到1614年，此后家康开始了一场消灭外国宗教的严酷运动。一些基督徒公开弃教，但殉教的也有三千人左右。最后一场战斗发生在1638年，长崎附近的岛原半岛上发生了起义。这部分属于一场饥荒和税收压榨导致的农民起义，部分也带有基督徒反抗迫害的性质。农民和无主的浪人武士都参与了这场起义。德川政府胜利，而起义者则在战场上身首异处。在那之后，基督教在日本得以幸存，但成了一种地下宗教，举行秘密的仪式崇拜"圣母马利亚观音"——耶稣的母亲伪装成佛教女神将孩子抱在怀里。19世纪后期日本门户开放后，一些"隐藏的基督徒"重又浮出水面。另外，除了火枪和城堡建筑技术之外，葡萄牙人的影响就是某些已经永久成为日语组成部分的借词了：面包是"パン"、天鹅绒是"ビロード"、肥皂是"シャボン"、扑克牌是"カルタ"以及人们熟悉的日本料理天妇罗（天ぷら）。

除了防御性布局外，另有其他三项制度性保障措施，包括法律、人质和锁国。德川时代早期制定了规范朝廷与寺社行为的法律，1615年后制定了规范大名行为的法律。幕府责令大名要任用有能力的封臣并且力行节俭。他们被禁止参与饮宴、

肆意狂欢、纵欲、赌博或者夸张炫富——这种禁令的必要性表明这类娱乐并不少见。联姻可以造就大名之间的同盟，所以只有幕府批准大名才可以结婚，而且只有得到幕府批准，大名才能修复他们的城堡。

人质是另一项保障措施。在战国时代扣留人质的做法就已开始，但 1642 年的法律明确要求大名的妻子和孩子永久居住在江户，并且大名自己也要每两年前往江户居住一年。这通常被称为"参觐交代制"。就像路易十四在凡尔赛的政策一样，这一制度将武士领主变成了朝臣。大名在江户建造了宽敞的宅邸，里面居住着数百乃至数千名家臣和仆役。这些宅邸占据了城市的大部分地区。

17 世纪 30 年代建立的第三项保障措施是锁国政策。鉴于

《长崎港南京贸易绘图》（局部）描绘了德川幕府时代中日商贸往来的景象。

锁国不是思想从中国和朝鲜传来的障碍，并且后来还有"兰学"① 兴起，日本是否真的与世隔绝可以质疑。大概并非如此。尽管这样，除了中国和荷兰在长崎的小型贸易代表团，没有外国人可以被允许进入日本。日本人也不允许出国，违者处以死刑。也不可以建造远洋船只。这些法律严格执行到 1854 年。与实质性的外部接触相隔绝，对日本人而言，日本就成了全世界。

德川幕府的治理还有三个额外的特征，有助于解释其长达数世纪的延续性。

其一，只有那些追随幕府时间最久的家臣、亲藩大名以及

---

① 　Dutch Studies，通过荷兰语著作吸收西洋知识的学问。——译者注

幕府的直接封臣才有资格受任幕府的职位。（外样大名、谱代大名以及他们的家臣被禁止出任这些职位）出于自身利益和忠诚心，亲藩大名作为官员，阻止着日本朝着大名更加独立的"德意志化"方向或者朝着君主制的"法国化"方向有任何变动。如果大名变得独立，那么领地相对狭小的亲藩大名将受到更大更强的外样大名的支配。如果幕府建立了集权的君主制，那么亲藩大名的自治权就会受到影响。从出任幕府官职的大名的角度来看，幕府的权力大小刚刚合适。

其二，在大名领地内，维持现状的关心也同样在发挥作用。在一个高下悬殊的等级制武士阶级中，上层家臣享有较高的收入、地位和特权，只有他们才有资格出任最高职位。毫不奇怪，他们掌权时的决定有助于维护等级制度和他们的自身特权。

其三，在精密分层的等级结构中，任何级别的家臣团人数总是大于该级别可以出任职位的数量。因此，那些被任命当官的人通常（尽管不总是）是最有能力的人。

经济与社会变迁

统一后的政治变化伴随着有活力的经济增长。在 16 世纪后期，高级农业技术的扩散受到地区主义和战争的阻碍，已经积压了太久，此时开始在全国蔓延：水利灌溉的技术使双季种植更加容易；更好的工具；新的种株；使用硬骨鱼或人类粪便作为肥料等。资源不再需要投入战争，转向了土地开垦。其结果是农业产量的增加和人口的增长，从 1600 年的一千六百万左右增长到 1700 年的两千八百万左右（这些估算大概会有一百万或更多的误差，因为记录不足，学者的意见也不统一）。农业副产品——棉花、丝绸、靛蓝、木材、染料、日本酒等——的产量也在增长，特别是在日本中部以及濑户内海沿岸。

人才与统治

儒家哲学自古以来就分为不同派别。有些人认为人性是好的，社会秩序应该建立在善良的基础之上。其他人则认为人性是难以控制的，只有坚定的制度和行为准则才能确保社会的有序。荻生徂徕（1666—1728）是站在后一派立场上，德川幕府最重要的支持者。因此，他鼓吹强有力的法律和制度。但谁应该运作这些制度呢？徂徕似乎模棱两可。一方面，他赞成武士家族担任世袭统治阶级；另一方面，他又认为世袭统治会导致糟糕的政府并最终导致政权崩溃。

徂徕是否预测了德川幕府秩序的崩溃？或者他是否主张有限和有选择地任用像他一样的人才来维持体制的良好状态？德川制度是否因任用人才而长久？

天下太平日久，下层出现了能人而上层之人却变得愚昧。其原因就在于，人的才智是在各种艰难困苦中磨炼出来的，人的身体也是经常使用的部位会强壮发达，经常用手就臂膀强健，经常用脚就腿脚健壮，常瞄准使用枪和弓箭，眼睛就好，常用心思，心里自会生出才智。遭遇各种艰难困苦时，人们经受诸般磨炼，才智也会发达起来。这是自然的道理。因此，孟子说："天将降大任于斯人也，必先苦其心志，劳其筋骨。"尤其是在社会下层磨炼出来的才能智慧，因为它能通达下情，对治国尤其有益。因此圣人之道中有"举贤才"这一条，主张要从下层选拔人才。考察历代史实可知，贤能之人皆由下出，厚禄之家持续数代的情况甚为稀少。

生在数代高官厚禄之家的人，其祖先都是在战国时代经历过生死战场，遭遇了种种困难后才生出才智、立下战功而后得到厚禄高官的。但是这些子孙因为祖上几代都是高官厚禄的地位，生来就是上等人，不曾遇到过艰辛，也就不需要具备什么才智。这种人高高在上，而且不了解下情，从小在家臣的夸奖声中成长，没什么智慧……

上述情形古今无异。所以圣人之道把选贤举能列为首要，并告诫说："士无世官。"

R. Tsunoda, W. T. de Bary, and D. Keene, eds., *Sources of the Japanese Tradition*（New York: Columbia University Press, © 1958), pp. 432–433. Reprinted with permission of the publisher.（中译引自龚颖译《政谈》，中央编译出版社，2004年。——译者注）

和平维系着商业的增长。战国时代的日本商人，就像产下金蛋的鹅一样，一直处于危险之中。他们必须花钱购买安全，并且活动被限制在狭窄的地区经济内。信长和秀吉在掌权后都知道单靠军事统一尚远远不够。他们认识到经济繁荣会使他们的统治变得更加轻松。意识到商人事业的重要，他们废除了中世纪的行会并使日本的中央市场摆脱了垄断限制。其结果是贸易蓬勃发展，并在藩国经济体之上形成了全国性市场网络。随着这一网络在17世纪的扩展，经济功能进一步分化并更有效率。经济链条从山村里养蚕的妇女延伸到地方买家，然后是区域港口的商号，沿岸船运业者，大阪或江户的仓库，最后到达这些城市里的大型批发商号。

锁国终结了大多数对外贸易。这本应该挫伤日本的国内经济。但是相反，商业在 17 世纪剩下的时间中继续增长。为了解释这其中原因，我们必须考虑到江户和边远城下町的税收和消费。

德川幕府税收来源主要是土地，而非商业。农民生产的约三分之一都要拿去交税。这一税率比中国更高，并显示出军事阶层的有效控制。大多数税收都以实物征收。直到 19 世纪中叶，只有三分之一的税收以货币征收。因此，居住在农村的那百分之八十七的人口上缴了全国近三分之一的农业财富，而军事阶层的人口只占百分之五。其余百分之八的城镇居民也通过为武士以及彼此提供商品和服务以便从税收中获得分成。所有城堡共同具有的三区域城市规划反映了这种利益的分配：大名及其政府居住在一个大型公园般的区域，有城堡、树木、石垣以及护城河；一个广阔的武士区；还有一个更为简陋、拥挤的市民区。

正如城下町是地区经济的消费中心一样，江户则是全国的消费中心和超级城堡。它具有相同的三区域布局，但规模更大。当日本海一侧领地广阔的加贺国外样大名居住在江户时，他手下有八千名武士。当他回到自己的领地时，有四千人留在江户负责管理大名的宅邸，其中包括两百六十七英亩的房屋和花园、营房、学校、仓库。加贺宅邸中的一处，已成为东京大学的主校区，其宏伟的红色大门至今仍然完好无损。其他大名也有与其封地大小相称的设施。到1700年，江户的人口约为一百万。

为了资助他们在江户的设施，大名将收获的稻米在大阪出售。被称为"日本的厨房"①的大阪成为再分配的中心，相互竞争的沿岸运输船队将食品、衣服、木材和其他物资运到江户。到1700年，大阪的人口约为四十万。在战国初期被毁坏后重建的京都也几乎同样重要。京都继续作为手工艺品的生产中心。它也是"傀儡"朝廷的所在地。在战国时期备受贫困之后，天皇获得了与小大名收入同等的扶持土地。

大名在江户的参觐交代促进了陆上交通的发展。行旅如织的主干道是江户和京都之间的东海道。浮世绘画家歌川广重（1797—1858）制作了一系列木刻版画，描绘了其间五十三处驿站②的风景。官方的驿站是大名旅行时的下榻之所，物资和马匹作为一种税收从邻近的村庄征集。其他四条大道也将江户作为他们的枢纽。驿站经常发展成为欣欣向荣的地方城镇。

为了维持税收基础和社会秩序，秀吉时代起开始冻结社会

---

① 日语称为"天下之台所"。——译者注
② 日语称为"宿场"。——译者注

《东海道五十三次》是歌川广重的名作之一，描绘江户至京都所经过的五十三处驿站。上图为"神奈川·台之景"，下图为"四日市·三重川"。

阶层。禁止武士离开主人。禁止农民放弃田地成为市民。市民则禁止拥有土地。1600 年之后，德川幕府继续实施这些政策，并且基本上都取得了成功——尽管在阶级界限之间存在相当大的模糊性。武士、农民和市民倾向于在各自的阶级内通婚，每个阶级都有自己的文化风格。官方使用古老的中国惯例"士农工商"来描述理想的社会等级，其中士（武士）地位最高，农民和工匠在中间，商人地位最低。当局甚至试图对生活方式也加以规定，比如什么样的人可以乘坐轿子，什么样的人可以穿丝绸，以及什么样的人允许在自家宅前建造华丽的大门。

然而，国民经济的增长带来了富裕性和多样性，这与任何简单的四阶级分类相悖。每个阶级内都存在广泛的社会层次。农村地区有地方商人、医生、寺社的住持、渔民以及农民。担任地方官员的地主虽然属于农民，但比下级武士的地位更重要，并且与那些没有土地，连茶叶也买不起的"水吞百姓"也

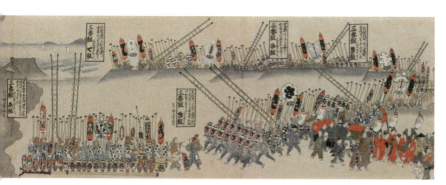

大约 1854 年鬼蔦斎画的《镇火安心图卷》，可见日本在江户时便有完整的消防体系。此为局部。

生活在不同的社会世界中。一名武士可能是老中（elder）——他所在藩国的关键决策者，收入数千蒲式耳①的大米，自己就拥有几百名封臣。也可能只是一名守卫城堡大门的足轻士兵，穷得只有几俵米的俸禄。

城市则更加多样化。有町奉行与他极其强大的政府，以及下属行政区的首脑。学校、警察与相互竞争的私人消防队提供着公共服务。首都木材结构与纸糊门窗的建筑容易遭受火灾，一句谚语因此传出："火灾是江户之花。"②大批发行的头目与卑微的街头小贩或者木屐修理工都属于市民阶层。在大商号里，生活着一位老板和他的妻子，一位主管，以及其他文员与学徒。

---

① 英美制容量单位（计量干散颗粒用），1 蒲式耳等于 8 加仑。英制 1 蒲式耳合 36.37 升，美制 1 蒲式耳合 35.24 升。旧称嘞。——译者注

② 日语原文是"火事と喧嘩は江戸の花"，意思是火灾与口角是江户之花，这里作者有所省略。——译者注

其他商业机构包括当铺经纪人、货币兑换商、小型零售商店以及大型单一价格零售商号——三井家。此外，城市中还生活着仆人、厨师、信使、餐馆老板、神职人员、医生、教师、磨刀师、租书摊主、武术师范、艺伎、妓女和澡堂工。在流行艺术的世界中则活跃着版画艺术家和印刷商、图书出版商、木偶戏艺人、杂技团、说书人、歌舞伎和能剧演员。商人的家庭为江户小说中的人物提供了原材料：吝啬每一分钱、一毛不拔的商人，肆意挥霍继承来的家产直至破产的儿子，犯错的妻子或者与妓女陷入绝望恋情的小职员。

18 世纪与 19 世纪初期

到了 17 世纪末，德川政权的政治再造工作已经完成。在此之后，很少颁行重要的新法律，并且管理机构几乎没有实质性的变化。在经济方面也是如此。从 18 世纪初开始，强劲的增长趋势让位于高水平的均衡内的缓慢增长。用一些历史学家的话来说，社会已经"冻结""不变"或"不寻常地维持现状"。然而，另一种变化正在形成，这些变化有助于解释日本 19 世纪对西方的反应。

贞妇

在江户时代，由年长的父母、他们的长子与他的"新娘"及其子女组成的三代主干家庭是一种理想。主要的家庭关系是父母与他们的大儿子之间的关系。儿子的"新娘"，至少在她生下自己的孩子之前，并非一个完整的家庭成员，正如谚语"新娘的肚子是借来用的"所说的那样。贝原益轩（1630—1714）是一位早期的儒学道德家，在他的《女大学》中提出了适合这种家庭的伦理观。它反映了他那个时代的"智慧"。

人们可以接受和实践任何为社会服务的道德吗？或者某些道德比其他道德更"自然"？在德川时代的社会被养大的女孩儿有什么样的感觉？她能接受益轩的教诲吗？或者，以下段落是否至少倾

向于表明，某些人类感受是普遍存在并且难以否认的？

夫女子成人后，皆嫁为人妇，侍奉舅姑。故较之男子更应蒙受父母教导。若宠爱放纵，出嫁后必任意而为，疏远夫君，不尊舅姑教诲，怀恨诽谤。乃至终遭遣返，令家人蒙羞。为父母者疏于训诫，不思悔悟而妄言舅姑之失，谬矣。此皆女子尊亲不事训诲之故也。

凡女性在心性上的毛病是不柔顺、怒怨、长舌、嫉妒和智浅。女子十之八九有此五疾。此乃女子不及男子之处，时时自省，以求戒除。

女子别无主君，以夫为主君，敬慎侍奉，不可轻侮。妇人之道，一切贵在从夫。应对夫君，殷勤恭顺，词色谦和。不可忤逆争辩，不可骄奢无礼。此女子第一要务。夫君训诫，不敢违背。疑难之事问诸夫君，依言而行，不敢专擅。夫有所问，正确应答，疏忽轻慢，是为无礼。夫若嗔怒，惶恐顺从，不可争吵，以逆其心。女子以夫为天，若逆夫而行，将受天罚。

四十七浪人

18世纪以极富戏剧性的一幕开始。1702年的春天，在江户城当值的一位大名拔出佩刀轻微地刺伤了一名侮辱他的幕府官员。在幕府将军的居城里，即便拔一下武士刀都会被处死。

因此，就在同一天，这位大名被命令切腹（也可以调转汉字的顺序，写作腹切り），他的封地被没收。由于担心手下人报复，幕府的警察密切留意着该大名的家臣——他们现在成了浪人，也就是"无主的武士"。一些家臣隐姓埋名，从事低等的工作，与家人足不出户，或者过着酗酒和放荡的生活。

二十一个月后，在一月一个下雪的夜晚，四十七名家臣聚集在江户，冲进了那位幕府官员的住所，割下他的首级，然后向当局自首。他们的行为冲击了江户市民的想象，受到广泛的好评。这些人都是真正忠诚的家臣！但是，经过两个月的斟酌，幕府的政治班子还是命令四十七人切腹自杀。这一事件反映了家臣对其领主的责任与他们对家人和自己的人间情感之间的冲突，很快被歌舞伎和木偶剧的作者吸纳。直到今天，它还被重新写成小说、电影和电视剧本。就像在西方戏剧中有不同的哈姆雷特一样，四十七浪人的首领大石内藏助也拥有许多形象。

从历史角度来看，这一事件有三个特征引人注目。第一，面对类似的情况，更为实际的战国武士会抛弃他们对死去领主的依恋，并急于找到新的效忠对象。忠诚受到高度的重视，正是因为不忠是一个有吸引力的选项。但在德川时代，这已不再适用。在一个和平时代，大名的权威得到幕府将军权威的加持，改变效忠对象不被允许。因此，忠诚已经深深地内化，并被视为一种宗教义务。而且，德川时代的武士更容易效忠至死，因为在大多数情况下，和平时代几乎不可能要求这样的牺牲。在任何情况下，正是德川幕府式的绝对忠诚感染了1702年时的这四十七名浪人。

第二，这一事件揭示了德川时代日本法律和政府的某些侧面。1615年的《武家诸法度》载有这样的段落："法乃社会秩序之基。或以法犯理，不可以理犯法。凡违法者皆严惩。"①一条德川法律明确禁止私人仇杀。因此，尽管他们的行为具有道德纯洁性——连宣判他们死刑的法官也承认这一点，但是这四十七名"有德行的武士"不得不被处死。国家高于道德。宣判他们死刑是官僚统治的必然。

第三，忠诚和理想主义并非被男性武士垄断。在戏剧改编中，至少武士的妻子和女儿以及一位商人也表现出了同样的英雄主义自我牺牲精神。

改革的循环

懒政与改革的交替以及铺张浪费与开源节流的循环构成了德川时代晚期日本的大部分政治史。即便是在17世纪中期，幕府和大名政权的开支就往往大于他们的收入。在某种程度

---

① G. Elison and B. L. Smith, eds., *Warlords, Artists, and Commoners* (Honolulu: Hawaii University Press, 1981), p. 57; R. Tsunoda, W. T. de Bary, and D. Keene, eds., *Sources of the Japanese Tradition* (New York: Columbia University Press, 1958), p. 336.

上，原因是结构性的：在逐渐商业化的经济中，税收却基于农业。这部分是简单的算数问题：在下拨武士一年的薪俸后，大名手上就没有足够的资金了，难以维持藩政府和江户宅邸的开支。部分是高额支出的代价，例如幕府频繁的征调、大名女儿的婚礼，或者火灾后重建城堡。不过，也许最重要的是，大名和他们的高级家臣对奢侈品不断增长的品位才是赤字的原因。

年复一年，一种熟悉的模式出现了。为了维持生计，大名从商家借债。然后，随着财政状况变得更加紧张，一个改革派的官员集团将会出现并获得权力，削减财政，消除铺张浪费，并使领地恢复到更加节俭和朴素的生活方式。债务将偿还或者干脆一笔勾销。改革的副作用是地方商业经济的萧条。但是，没有人喜欢永远保持节俭。因此，在实现了一些改革目标之后，一个新的集团将获得支配权，并开始新的一轮消费。幕府在其直接控制的土地上进行了三次重大改革：

1716—1733 年	德川吉宗	十七年
1787—1793 年	松平定信	六年
1841—1843 年	水野忠邦	两年

前两次改革的发起者是幕府将军。改革维持了很长时间并且成功；他们在关键时刻重振了幕府。第三次改革是由幕府的大名官员主导的，以失败告终。这次失败为19世纪中期幕

府无法对西方做出有效反应埋下了根源。在大名领地内也进行了改革。有些失败了但也有些人获得了成功；少数几个藩的成功改革使得它们在 19 世纪中期的政治动荡中发挥着决定性的作用。

官僚化

集权与分权之间的平衡一直持续到德川时代的末期。没有诸侯试图推翻幕府的霸权，幕府也并不试图扩大对藩国的行政控制。不过，官僚机构在幕府和藩政府内稳步发展。例如，公共权力扩张到早先属于私人事务的领域。1600 年，有封地的武士自己管理封地。他们征收的税率通常比藩领还高，并指派代官监管他们的土地。然而，到了 1850 年，除了最大的武士封地外，其他所有封地都由地区官员管理。官员们以标准税率征收税款，并从中拨出武士应得的俸禄。在开支缩减期间，藩政府经常向武士支付应得俸禄的一半。

行政法规和文书工作激增。现存的藩国档案室中留有一屋又一屋的卷宗，从中可以追查到各种可以想象的记录，大部分来自 18 世纪末和 19 世纪初：出生、收养、姓名变更、武士等级、封地、俸禄、土地所有权、税收、法庭诉讼、藩史等。幕府财政部门的规章制度从 17 世纪的一页纸增长到德川时代晚期的四十页。除常规事项外，其中还明确了各部门及下属部门的精细结构、各自的管辖范围，以及关于每份文件应制作多少副本以及应转发哪些部门的详细说明。

当然，官僚化的程度有其极限。官职只对渴望它的武士开放。这一点并没有改变。官员出勤公务时佩戴双刀并身着正装。制定决策的职位仍然掌握在上层武士手中。金融危机流行期间——德川时代晚期的特有病症，出现了对人才的需求，因此中等或中等靠下级别的武士纷纷出任上层官僚的助手从而加入了藩政决策的过程。其间，他们可以获得"额外的俸禄"①。

德川时代晚期的经济

到 1700 年，经济已达到科技允许范围内的扩张极限。人口是一个关键指标，在 18 世纪早期达到了三千一百万，一个半世纪后，在 19 世纪中期仍然只有三千三百万，而这一时期中国的人口增加了一倍多。在这个几乎恒定的数字内是各种较小的波动。十八世纪五六十年代疫病流行期间以及 18 世纪 80 年代的饥荒期间人口都有所减少。东北地区从未完全恢复过来。日本西南部的濑户内海沿岸的人口则在增长。日本中部地区一直保持稳定，人口在农村地区增长，但在城市减少——与其他

① 也就是所谓享保改革中的"足高制"，对各级官职设置对应的俸禄数量，如果担任这一职位的武士本身的俸禄达不到这一职位的标准，则幕府会补足其差额。——译者注

地方的前现代城市一样，那里的死亡率更高。

1700年后，税收稳定，土地调查很少进行。有证据表明粮食生产几乎没有增加，农副产品和农村手工艺品也放缓了增长。一些家庭为了提高生活水平，有意识地控制自身的规模。避孕和堕胎司空见惯，在困难时期非常贫困的家庭甚至杀婴（这被委婉地称为"间引"，即在稻田中间苗的专门说法）。但是，周期性疾病、食物短缺和晚婚是人口增长方面更重要的限制。一项针对某乡村的研究显示，贫困农民的女儿在22岁时结婚，平均有4.6个孩子，而富裕农民的女儿则在19岁结婚，生育6.2个子女。对另一个地区的研究显示，普通农户的家庭规模从7人减少到4.25人。

在德川时代，一些农民仍然是独立的小自耕农，但其他农民则上升为地主或下降为佃户。到19世纪中叶，佃户耕种了所有耕地的四分之一。大多数地主都是小地主，住在他们的村庄中，经常出任村里的领导。他们与居住在城镇中的中国乡绅完全不同。农村社会中下层阶级的苦难导致了18世纪末和19世纪初农民起义（日语称为"一揆"）的增加。尽管少数一揆涉及数千名参与者并且在地方上颇具破坏性，当局还是可以毫不费力地平息这些起义。日本的一揆远远不及清代中国晚期的起义。

在德川时代晚期，商业增长缓慢。18世纪早期，它被重新纳入行会体系之中。商人支付通常并不高额的固定费用，以换取中央市场的垄断特权。行会也在藩国内重新建立，一些藩国甚至针对蜡、纸张、靛蓝或者糖等产品建立了藩政府的垄断专卖。藩国领导者面临的问题是如何在不损害本藩出口竞争地位的情况下对利润征税。德川时代晚期的大部分商业增长来自乡村产业——日本酒、酱油、染料、丝绸或棉花——在日本中西部尤为活跃。乡村产业中一部分在外包制度下，由城市的商人负责组织和出资。另一部分则与城市商人竞争，直接将产品运送到终端市场以规避垄断控制。这些乡村产业的劳动力扩张导致了德川时代晚期城市人口的萎缩。

关于德川时代经济的最大课题是它与 19 世纪后期日本惊人的工业化进程之间的关系。一些学者认为日本的工业化有一个"良好开端（running start）"。从结果来看，必定是如此。但这一"良好开端"指的是日本的"市场经济"，还是政治或社会的某种因素，抑或是文化和识字率的问题？一些经济史学家则继续强调日本相对于欧洲后进发展国的经济落后性。这些问题引发了激烈的争论。

德川时代的文化

如果《源氏物语》代表的是贵族式平安宫廷的古典文化，能剧或雪舟的水墨画代表的是中世纪日本的简素的武士文化，那么井原西鹤（1642—1693）的俳谐、近松门左卫门（1653—1724）的剧本或者喜多川歌麿（1753—1806）的美人图则可以用来代表德川时代新兴的城市文化。在这些作品中，人们可以观察到一种新的世俗意识、一种平民化的精致品位、令人心碎的情感、偶尔的粗俗以及一种只偶尔出现在日本早期传统中的幽默感。

但德川时代的文化不仅仅是市民阶层的艺术和文学。二百五十年的和平与繁荣为日益复杂的文化和民众更广泛的参与文化生活提供了基础。在乡村，佛教变得更加根深蒂固，新兴的民间宗教也在激增，而到 19 世纪初，富裕的农民也可以读写文章。武家上层的贵族式文化也继续保持活力：能剧继续在上演。人们用汉文写作诗歌。狩野派及其他艺术家则延续了中世纪水墨画的传统。

足利时代自我克制、简洁和自然的建筑传统也得到了扩展。位于京都市郊区的桂离宫植根于中世建筑的传统，至今仍在为日本的建筑师提供灵感。在秀吉统治期间大受欢迎的镀金

喜多川歌麿美人画之《妇女人相十品》

彩色屏风画得到了进一步发展，最终出现了尾形光琳（1658—1716）气势宏大的作品。这与早期的黑白水墨画截然不同。

禅宗在战国时期衰退后，此时又借助白隐慧鹤（1686—1769）重新焕发了生机。白隐是德川时代最伟大的文化人物之一，也是一位作家、画家、书法家和雕塑家。他的自传作品《远罗天釜》被翻译成英文。由于禅宗的复兴以及净土宗的兴起和繁荣，一位日本作家称德川时代为日本佛教的伟大时代——尽管佛教在受过教育者中势力日益衰落。

学者指出德川城市文化具有双重结构。一边是认真、高尚的武士，他们创作了大量汉风绘画、诗歌和哲学论文。另一边是市民文化：浅薄、目无尊卑、多愁善感、世俗、讽刺有时甚至污秽。武士推崇宋代的山水画，画上经常配有儒家经典语录或唐诗。市民则收藏本地美女、俳优、名妓的画像以及记录日常生活喧嚣场景的绘画。武士道德家认为金钱是邪恶的根源。商人则将其视为生活中的目标。在大阪，他们甚至举办"算盘节"，将他们的计算工具供奉给财富和商业之神。

在诗歌界也出现了双重结构。出身武士的松尾芭蕉（1644—1694）放弃了自己的地位，选择作一名流浪的诗人。他的名气来自他的旅行日记《奥州小道》和他的俳句——短小的字画诗：

山色幽静透禅院，

细听蝉声沁岑岩。[①]

枯枝栖寒鸦

晚秋日暮斜[②]

在造访德川幕府于 1600 年战胜敌人的战场时，芭蕉沉思道：

夏日草凄凉，

功名昨日古战场，

一枕黄粱梦。[③]

对生活瞬间的鲜明美感和沉思与市井诙谐小诗中的世俗趣味形成清晰对比：

僧人鼾声响，

[①]　译文引自郑民钦译《奥州小道》，现代出版社，2020 年 3 月，第 98 页。——译者注

[②]　译文引自郑民钦编著《风雅俳句·正是麦秋时》，现代出版社，2019 年 11 月，第 10 页。——译者注

[③]　D. Keene, ed., *Anthology of Japanese Literature* (New York：Grove Press, 1955), p. 371. （译文引自郑民钦译《奥州小道》，现代出版社，2020 年 3 月，第 94 页。——译者注)

惊破山寺夜深沉，

杜鹃啼不停。

何人恁无情，

一封情书无心看，

交与母亲观。

贞妇守身严，

如今宽衣又解带，

因有跳蚤来。①

当然，这并不是说市民阶层不会去写正经的俳句，或者武士阶层对城市文化的哄诱免疫，不会创作诙谐的诗歌。

文艺与戏剧

文化是在经济增长和政治变革期间更有创造力，还是在稳定时期更有创造力？德川时代日本最伟大的文学和哲学作品是在 1650 年至 1725 年之间创作的，那时最初的政治转型正在接近完成，但经济仍在增长，社会尚未定形。

---

① R. H. Blyth, *Japanese Humor* (Tokyo: Japanese Travel Bureau, 1957), p. 141.

德川时代（1600—1868 年）

1600 年	德川家康经关原之战重新统一日本
1615 年	颁行《武家诸法度》
1639 年	采取锁国政策
1642 年	大名家眷正式定居江户
1644—1694 年	诗人芭蕉
1653—1724 年	剧作家近松门左卫门
1701 年	四十七浪人为主君复仇
1716—1733 年	吉宗改革（享保改革）
1787—1793 年	定信改革（宽正改革）
1841—1843 年	水野改革（天保改革）
1853，1854 年	海军准将马修·佩里到访日本

　　井原西鹤是这一时代主要的文学家，当然也是最有趣的一位。通常认为他再造了日本的小说。西鹤是大阪一家商号的继承人，接受着成为商号主人应当接受的教育。但是，在他的妻子去世后，西鹤将业务交给手下人处理，自己则投身到诗歌、剧场和风月场所之中。在四十岁时，他创作了插绘本《好色一代男》，这算是一个现代且低俗版的《源氏物语》，主人公在澡堂女侍、神社巫女、妓女和男童演员中间拈花惹草。这部作品一夜之间的成功导致了其续作《好色一代女》的出版。这回讲述的是一个身家良好的女人因激情走向毁灭的故事，她在大阪等级繁复的风月场中地位螺旋式地下降。西鹤还写有二十多部

作品，包括《日本永代藏》。这部作品幽默地记录了追求财富与追求快乐之间的矛盾。

世纪之交大阪文化的第二位主要人物是剧作家近松门左卫门。近松出生于日本海一侧的越前国武士之家，来到京都后为一位宫廷贵族服务，之后于 1705 年搬到大阪，为歌舞伎和木偶戏创作剧本。

歌舞伎出现于 17 世纪早期，最初是由巡回剧团的女性演员出演的挑逗性短剧和舞蹈。1629 年，幕府禁止女性上台表演。到 1660 年代，歌舞伎演变成了一种更为严肃的戏剧，男女角色均由男性扮演。演员走过观众席间架起的通道（称为"花道"）进入舞台。著名演员在诠释他们的角色时具有极大的自由，并获得了观众的认可。扮成著名戏剧人物的名角木版画拥有现成的市场——好似当今那些摇滚音乐家的海报，但较之后者更具有无与伦比的艺术性。

歌舞伎的三种主要类型，是受能剧影响的舞蹈片段、家庭剧以及历史作品。这三类作品近松都有写作。与西鹤作品中的主角形成鲜明对比，近松剧本中的男女在他们的人间感情与履行世间生活义务的责任之间挣扎。只有当他们的激情变得无法控制时（这种情况通常一定会出现），戏剧才会以悲剧告终。演员在达到爆发点之前所表现出的克制，加强了结局感情的强烈程度。在多部剧本中，男女主角将责任抛在身后，怀着对来世幸福生活的希冀，迈上了死亡之旅。事实上，近松的剧本太

17 世纪 90 年代江户的三处歌舞伎剧场之一。整部剧都由男性演员担纲——甚至
女性角色也由男性扮演。观众在观看台上一举一动时也在吃东西、喝酒、抽烟。
注意图中社会阶层的混合。歌川丰国（1769—1825）的三联木版画。

过流行，以致引发了现实生活中人们的模仿。因此，幕府当局
禁止剧本以这种方式结尾。

　　将歌舞伎和能剧加以比较我们可以得到有趣的结论。能剧
就像早期的希腊戏剧一样，叙事线索由歌队吟唱出来，伴随着
长笛和鼓声，以及非常风格化的动作。而歌舞伎则更像是伊丽
莎白时代的戏剧，演员用 17 世纪日本普通剧场观众所要求的
那种戏剧真实感念诵他们的台词。不过，只有略微偏离现实主
义，才能真正传达出现实主义的感觉。正如近松关于歌舞伎的
自我评论那样："女性角色的口中道出了诸般事情，但真正的
女性一样也无法说出来……这是因为人们有言，现实中女人无
法启齿的，正是她们的真实情感。"对他来说，"真实和虚幻之

间的细微明灭处方有艺术"①。近松关注创作技巧的完善以及直抒胸臆与欲言又止之间的微妙平衡，他从不谈论神秘的"无心"才是演员感染力的关键。他的戏剧反映的是一个离开了中世纪能剧宗教虔诚的世界。

18世纪初期，文乐（木偶戏，又称"人形净琉璃"）在流行文化中取代了歌舞伎。近松的许多剧本都是为文乐而作。木偶这个词其实并不适合形容那些半个真人大小的人形道具，这些人偶的艺术性堪与能剧面具相媲美。人偶由穿着黑色斗篷的三人组操纵，不仅可以做出跪坐、鞠躬或举刀战斗的动作，还能模仿擦拭眼泪或者穿针引线。但18世纪后期，文乐又转而开始衰落，随着文化中心从大阪转移到江户，歌舞伎再次成为日本首要的戏剧形式。

儒家思想

德川时代高级文化最显著的变化是从佛教的宗教世界观转向世俗的儒家哲学。在18世纪，随着学校的建立和识字率的提高，世俗化的脚步加快了。

儒学从中国传入日本。孔子出生于公元前551年。那时，春秋时代（公元前770—公元前475年）已经开始衰落，但中

---

① R. Tsunoda, pp. 447–448.

国的战国时代（公元前 475—公元前 221 年）尚未到来。这是一个旧的行为准则陷入困境、旧的礼仪失去效力的时代。孔子吸纳了传统规范，并将其转化为适用于新时代的伦理。例如，他重新定义了"君子"。君子曾经是指出身"良好"之人，但孔子的"君子"指的是品德高洁、行为得体之人。他把恰当的道德行为而非出身地位作为他的评价标准。孔子认为美德既存在于人性中，也存在于人类只是其中一部分的大宇宙之中。孔子说"天生德于予"（《论语·述而》）。只有懂得真正的学问，认识到自己拥有上天赐予的高尚天性的人，才能成为君子。只有这样的君子才能行为恰当。愚者（与蛮夷）都是"小人"，他们行事只出于自身的利益或恐惧。儒家对天的强调当然不是世俗性的。但天所命定的乃是此世的某些社会人伦：君臣、父子、兄弟、夫妇、朋友。

在中国，儒家思想经历了两次进一步的发展，影响了其在日本的命运。第一次发展是汉朝（公元前 206—公元 220 年）立儒学为尊。在东周末的战国时代和统一王朝的早期阶段，儒家思想几乎没有被接受。它并不符合当时的需要。但在汉代，对儒家伦理和原则的采用为新统一的国家提供了意识形态基础。在此过程中，儒学自身也发生了变化。例如，周代社会中封臣与领主关系被重新解释，以适应新的集权官僚国家中文官与皇帝之间的关系。第二次发展出现在一千年后的宋朝（960—1279 年），这次是为儒学增添了形而上学的部分。在这种形而上学中，人身上的天性或上天赐予的美德被定义可以通过研究儒家经典和打坐来加以理解的理性因素。这种宋代的哲学被称为新儒家，其最伟大的哲学家是朱熹（1130—1200）。

儒家思想很早便进入了日本。在奈良时代和平安时代，"国家儒学"作为唐朝（618—907年）文化的一部分而加以吸收，并协助塑造了日本传统的政体和法律。在中世时代，新的儒家思想继续流入日本，禅宗僧侣在介绍新儒家思想方面发挥着重要作用。但那时识字率尚低，而且在1467年之后，社会持续处于战争状态，不适合研习学问。只有到了德川时代，日本才开始大规模地接受宋代学问，并以一种有意义的方式成为新儒家的信徒。正如汉代以来中国的历朝历代那样，儒家思想为新成立的德川幕府国家提供了意识形态基础。

儒家学说的传播进展缓慢。17世纪时，武士接受的指令是永远不可遗忘兵法，并随时准备为他们的主君献身。一位武士在他的辞世诗中哀叹自己死在榻榻米之上——未能战死沙场。那个时代，大多数武士都是文盲，认为读书学习不合时宜。武士出身的儒学者中江藤树（1608—1648）回忆说，年轻时他白天与朋友一道耀武扬威，到了夜间则秘密学习，以免被人视为娘娘腔。学校的发展也很缓慢。一位日本学者指出，1687年时只有四个藩有正规的藩校，而到1715年，只增加到十所。

德川时代伟大的儒学家西鹤与近松生活在同一个时代——17世纪末和18世纪初。他们之所以被称为儒学大家，是因为他们成功地使中国儒学适应了日本社会。一个思想障碍的例子是，在中国儒学的思想中，没有幕府将军的位置，而在日本天皇乃天照大神苗裔的传统中，则几乎没有天命代理者的存在。大多数德川时代的思想家在处理这一差异时，都解释说天皇的统治乃代理天命，而天皇则将政治权威委托给了幕府将军。一位哲学家认为，神圣的天皇乃奉天意将代理权授予了幕府将军。这两种解决方案都不能一劳永逸，因为事实上，天皇和大阪剧院里的木偶差不多。

尊德的药丸

很难想象，与各类宗教或哲学相比，有比神道教更迥然不同的思想了。神道中聚集着诸多不定形的、泛灵论的自然神明；佛教哲学强调超越和否定此世；儒家思想则突出世俗性的道德和良好政府。然而，在德川时代，这三种思想不仅共存，而且在日常生活的仪式和惯例中相互混合。二宫尊德（1787—1856）出身农民家庭，后来成长为一位道德家、农业经济学家、规划师和地方改革家。他的观念具有极强的吸引力，以至在20世纪20年代和20世纪30年代再次复兴并应用到农村改革计划之中。在下面的段落中，二宫尊德谈论了"三教"的问题。

阅读德川时代的思想时，尊德拒绝"高傲的猜测"意味着什么？在我们身处的现代社会中，非尘世之物（宗教教义）与尘世之物（科学和物质目标）之间的协调方式与尊德的时代是否存在根本不同？如果是，这种不同是什么？

翁曰：——很久以来，我一直在思考神道以何为道，有何所长有何所短；儒教以何为教，有何所长有何所短；佛教以何为宗，有何所长有何所短，但结果是各有长短。我不胜感叹，作和歌曰："丢弃的鱼桩比高低，有长有短各不同。"然而，如果现在要说这些道最值得一提的特长，则神道是开国之道，儒学是治国之道，佛教是治心之道。因此，我不尊崇高尚，不嫌弃浅近，仅取这三道的实质。所谓实质，是指于人类社会重要的。我取重要的，舍弃不重要的，建立了对于人类社会至上的教，这就是报德教。戏称为神儒佛实质一味丸……

衣笠兵太夫（下馆藩士）询问神儒佛三味的剂量。翁回答说：神道一匙，儒佛各半匙。某人在旁将之画为图，问道：三味的剂量是这样吗？

翁一笑曰：——世上有如此拼凑的药丸吗？既然称作药丸，就该很好地混合在一起，理应分不清是什么。不然的话，吃到嘴里扎舌头，咽到肚里坏肚子。一定要好好地混合，做到分不出是什么……

R. Tsunoda, W. T. de Bary, and D. Keene, eds., *Sources of the Japanese Tradition*（New York: Columbia University Press, ©1990）, pp. 584–585. Reprinted with permission of the publisher.（中译引自王秀文等译《二宫翁夜话》，吉林大学出版社，2010 年。——译者注）

另一个问题是中国中央集权官僚制政府与日本基于封臣—主君关系的封建制度的区别。武士对其主君的忠诚显然不是士大夫对中国皇帝的那种忠诚。一些日本思想家通过认定中国已经偏离了周代圣人的封建社会而巧妙地解决了这个问题，而这种社会恰恰在日本被德川家康重新建立了起来。另一位思想家山鹿素行（1622—1685）认为，在和平年代，武士必须通过兼事文武来履行他们对主君和藩国的责任。为此，他们必须学习并效仿中国古代的圣人。

浮世绘中的寺子屋

　　第三个问题涉及中国也即"中华"的含义以及华夷秩序。没有一位日本哲学家能够鼓起勇气称日本是真正的中华而中国已沦为蛮夷之邦；但有些人认为中央是相对的，还有一些人认为中国处于满洲"外族"的统治之下，已经失去对其昔日显赫地位的所有主张。以上问题只是与日本的政治组织、家庭行为与神道教相关众多问题中的一小部分。18世纪初，这些问题都得到了解决，并且适用于日本情况的改良版儒学已经形成。

　　儒学教育在18世纪和19世纪初迅速传播。到18世纪末，每个藩国都在其居城和江户宅邸建立了供家臣进修的藩校。普通学校（寺子屋）蓬勃发展，学童在那里学习阅读、写作和儒学初阶。这类学校大多数使用《千字文》作为入门教材；一些学校还教授专门为农民或商人量身定制的道德课程。19世纪上半叶，私塾也在全国各地飞速发展。到了德川时代末期，识字人口，可能高达男性中的百分之四十到百分之五十，以及女性中的百分之十五到百分之二十——这一比例远高于世界上大多数地区，并且与一些欧洲后进发展国家相当。关于识字率的问题，迫切需要进一步的分析。部分武士和少数市民可以阅读汉文书写的中国历史和日本的经济学或医学著作——在对待严肃主题时，学者仍然采用汉文写作。但通常情况下，市民阶层只能阅读主要是用假名字母写成的、备受欢迎的插画浪漫故事与英雄事迹[1]。

德川时代思想的生命力同样值得注意，这部分是其多样性的结果。1790年以后，朱熹的儒学被宣布为正统观念，但其他儒家学派以及其他哲学思想也争鸣不已。例如，古学派避开形而上学讨论，主张回归六经描述的那些儒家基本德行（一位现代日本学者将这一学派与中世纪欧洲的唯名论进行了比较，后者攻击了托马斯·阿奎那的形而上学哲学）。由于日本没有科举制度，年轻武士主要精力并没有用于写作无尽的"八股文章"。这样的结果可能是学问水平低于中国，但更为现实主义。在日本世袭制的限制范围内，官位升迁通常通过撰写藩政改革提案获得——尽管提案过于大胆的话，也可能导致惩罚。

---

[1]　也即日语所言的"假名草子"。——译者注

思想界的其他发展

对于德川时代的学者来说，如何应对中国的问题令人烦恼，而且往往自相矛盾。他们称赞中国是师表之国并尊重其创造力。他们研究中国的历史、哲学和文学，并开创至今仍然强大的汉学传统。但他们也试图保留独立的日本身份认同。为了达成这一点，大多数学者对儒学加以调整以适应日本。但是，有如下两个学派——从未进入德川时代的主流思想，但在18世纪及19世纪初期地位日益增高——采取了更为激进的立场。在大多数方面，"国学"和"兰学"截然相反，但就批评中国对日本生活和文化的影响这一点，两个学派有相似之处。

国学研究开始于对古代日本经典的语言学研究。神道是其灵感的一个来源，另一个来源则是新儒学中的古学派。正如古学派试图越过宋代的形而上学回溯中国经典的原初真意一样，国学传统中的学者试图在日本经典中寻找被汉意污染之前的原初真实的大和魂。在研究《古事记》《万叶集》及《源氏物语》的过程中，他们发现早期的日本精神自由、率直、纯粹、高洁、真诚，与他们笔下的僵硬、狭隘、虚伪的中国精神形成鲜明对比。这一学派的一些著作似乎借用了道家思想中的排儒逻辑。

国学的第二个特点，是它再次肯定了日本的创世神话和日本天皇的独特性。本居宣长（1730—1801）将神道创世论称为

"正道"：

> ……此天地诸神万物，其本悉皆出自高皇产灵神、神皇产灵神二神之产灵御魂……此……奇奇妙妙神之御业……以人之智慧不得测识……然于外国，正道不传故，不得知此神之产灵御业，于天地万物之道理，或立阴阳八卦五行之说，欲加以说明。此皆人智推量之妄说，诚非上述之道理。
>
> 所谓皇国有特命者，乃此国为照彻四海万国之天照大御神出生之本国，故为万国之元本大宗，万事胜过异国……①

"国学"在德川时代末期流行一时，对明治维新产生过细小但并非不重要的影响。它的学说作为日本极端民族主义的一种，一直延续到现代。然而，它最长远的成就是日语语言学。即使在今天，学者也十分欣赏本居宣长的语文学。此外，在汉学的声望势不可当的时代中，本居宣长通过鉴赏与提炼日本经典中对美的感受力，恢复了和汉之间的平衡。他将这种感受力命名为"知物哀"——"了解事物的哀情"。

但是"国学"也存在弱点，因此无法成为日本思想的主流。

---

① R. Tsunoda, pp. 521, 523.

首先，即使是最优雅的感性也无法替代哲学。"国学"在对原始神话大为颂扬的时候，一头撞上了儒家思想的宏大理性。而大多数思想家更喜欢理性。其次，"国学"研究的对象主要是文学，在藩校和幕府学校都以政治哲学为核心的时代，除了对神圣天皇的热情之外，它几乎提供不了什么思想内容。

第二个得到发展的是"兰学"。在基督教被禁止并采取锁国政策之后，所有西方书籍在日本都成为禁书。在长崎与荷兰商人打交道的政府译员中间保留了一些从荷兰来的知识。幕府将军德川吉宗（1716—1745年在位）听从他任命的从事历法改革的学者的建议，于1720年废除了对西方书籍的禁令（传播基督教的除外）。

德川时代的怀疑论者

儒家的教义虽然很难称得上是现代科学，却非常重视理性论证。一些学者用这种理性主义来攻击佛教。其他人则用理性攻击他们眼中的迷信与对自然现象的粗浅解释。以下是一位九州地方的医生之子三浦梅园（1723—1789）写下的段落，体现了这种理性主义。

现代科学是否回答了梅园所提出的那种问题？现代社会中是否仍存在一些迷信，容易受到他的批评？

何以额前一对乌珠可以视物？何以头侧两个窟窿可以听声？何以眼不可听声，耳不可视物？但遇此等问题，人皆充耳不闻，予则不能……彼等求教于前贤，于书中得见答案，即全盘接纳。予则难以信从。彼等论及造化世界，语皆浮泛，于生死，每晦言之。证据即不足凭信，论说又多荒谬，实不足以扰乱人心。人之癖好，视万物皆若人。童稚绘本有老鼠嫁女、妖魔鬼怪之类故事。其中鼠不以本来面目呈现，悉为人形。新郎上下礼服、佩长短双刀，新娘白帽嫁衣、坐驾笼中。步卒随从亦皆作人形。妖怪绘本中，无见伞化茶臼、帚化木桶之例。有者皆具目鼻手足，化成人形。以此心思维天地，则天有上帝，地有坚牢地神。风雷之神虽形状可怖，仍具手足，可施法术，可行千里。故此，风蓄囊中，雷鸣大鼓。若诚有风囊，以何物制成？诚有雷鼓，以何皮蒙之？诚可疑也。若如此推之，天无足则昼夜不动，造化无手则斧凿难兴欤。

R. Tsunoda, W. T. de Bary, and D. Keene, eds., *Sources of the Japanese Tradition*（New York：Columbia University Press，©1960），pp. 490, 493-494. Reprinted with permission of the publisher.

到 18 世纪末，日本出现了所谓的"兰医"学派。日本的先驱们早就意识到西方的解剖学著作比中国著作更准确。1754 年，日本人第一次解剖尸体。1774 年，一部德语的解剖学著作的荷兰语译本被翻译成日语。到了 19 世纪中期，在日本的主要城市都有"兰学"塾，并且在某些藩国内也能获得"兰学"的教导。19 世纪 50 年代中期，福泽谕吉（1835—1901）在 1838 年开办的一所大阪"兰学"塾中学习荷兰语和荷兰科学，他在写于 19 世纪晚期的自传中记载了他的同学对汉学的敌意：

由于我们学塾是一所医校，所以都不太爱谈论政治。若谈到国家开港或闭关的问题，当然大家都赞成开港，在

福泽谕吉

这一点上没有争执。当时的敌人只是中医。我不仅讨厌中医，即连儒家也很憎恶，总认为中国派的东西都应该打倒，这好像是注定了的。即便当时有儒家来讲经史，我塾同学也没人去听，而且一看到汉学学生就觉得可笑。尤其对那些学中医的学生，不仅笑话他们，甚至还要辱骂他们，对他们毫不客气。①

虽然医学是"兰学"的主要焦点，但某些西方天文学、地理学、植物学、物理学、化学和艺术的知识也进入了日本。科学著作有时也会影响其他思想家。山片蟠桃（1748—1821）

---

① E. Kiyooka, trans., *The Autobiography of Fukuzawa Yukichi*（New York: Columbia University Press, 1966）, p. 91.（中译引自马斌译《福泽谕吉自传》，商务印书馆，1980 年。——译者注）

是一位醉心学术的大阪富商，他构想了一种基于新儒学和西方科学之综合的理性主义哲学。研读了一部天文学著作之后，他于 1820 年发表意见认为其他星球上的生态条件"仅依据它们的大小和它们与太阳的接近程度而变化"，推测"青草和树木将会出现，昆虫也将发展出来；如果昆虫存在，鱼类、贝类、动物和鸟类都不会缺席，最后人类也将出现"。蟠桃从自然主义色彩的假设出发证实水星和金星可能缺乏人类生命，"因为这两个行星过于太阳因而温度极高"。他将自己关于进化的理性论证与佛教徒和神道教徒的"粗浅"见解进行了对比[①]。

从 18 世纪后期开始，随着西方船只在日本海域出没更为频繁，日本人开始将西方尤其是俄国视为威胁。1791 年，一位学者撰写了《海国兵谈》（*A Discussion of the Military Problems of a Maritime Nation*，作者林子平），呼唤建设强大的海军并加强海防。19 世纪初期，这种担忧进一步增长。在 1853 年和 1854 年马修·佩里来航之后，兰学进一步扩张。在 19 世纪 60 年代中，"兰学"转变为"西学"，英语、法语、德语和俄语也加入了幕府"蕃书调所"的研究语言之列。

总之，兰学并未对德川时代的思想产生重大影响，无法与新儒学相提并论，但奠定了日本在必要之时迅速崛起的基础。

---

① A. Craig, "Science and Confucianism in Tokugawa Japan," in M. Jansen, ed., *Changing Japanese Attitudes Toward Modernization* (Princeton: Princeton University Press, 1965), p. 144.

历史视角下的德川时代日本

历史学家通常将德川时代称为"近世"（early modern），因为它位于"中世"和"近代"之间。这一标签能够激发学者在这个可比较事物很少的时代（有些人认为相当之少）与欧洲进行比较，就此而言标签是有用的。但对于大多数人来说，这一标签没有更深的含义。有时候，学者也用"近世"的说法来暗示，在那几个世纪中，日本为后面的历史发展做了准备。这种用法在三个重要方面存在误导。第一，它似乎将日本数百年的经验嵌入了欧洲历史的连续统一体。德川时代的日本并不适合待在那里，因为尽管可以找到相似点，但日欧之间的差异是巨大的。第二，它表明，日本与近代早期的欧洲并行，正处于内部现代化的过程之中，并且如果没有与西方进一步的接触，它也将自己进入现代化。虽然这是一个复杂的问题，但这种提法非常令人怀疑。第三，它或许容易向人们表明向现代性的过渡可以不费吹灰之力，这种观点可能会贬低日本人在随后时代付出的巨大努力。

相反，德川时代可以被称为"古代晚期"（late traditional）社会吗？可以研究如下案例。德川时代的经济和以武士为统治阶级的社会都是从战国时代的日本演变而来的。虽然经过了重塑，但仍然是战国时代的延伸。外界的影响微乎其微。可以肯定的是，这种文化受到新一波中国学问传入以及学校与识字率增长的强烈影响。然而毕竟，自奈良时代以来，日本一直在研究儒学和中国历史。尽管量的巨增可能达到了引发质的改变的程度，但这仍然是不断发展的传统的一部分。当然，当今天的日本人谈论什么是"传统"时，他们最常想到的就是德川时代——他们对其中喜欢的就称为"日本传统"，不喜欢的就称为"封建主义"。

"古代晚期"的缺点在于它可能被解读为"晚期停滞"，而情况并非如此，因为17世纪出现了重大发展，此后也发生了显著变革。观察这些变革的结果，我们可以说德川时代的社会更加和平、更具生产力，政府在日本历史上比以往任何时候都更称职且更先进。但我们不能简单地说，这些变化使得日本能够像19世纪中叶实际发生的那样对西方做出回应。在历史实际反应中，至关重要的是德川政府的迅速倒台以及旧社会的彻底改造。对于如何评价对现代发展至关重要的德川幕府遗产，学者仍然没有一致看法。

在思考历史方面，我们还必须记住，欧洲在德川时代经历了一次转变。事实上，欧洲历史上最重要的大事——宗教改革、17世纪科学革命、民族国家的形成、民主的兴起、工业革命和启蒙运动——都发生在德川幕府的同时代。如果我们从欧洲的角度看日本，后者似乎陷入了沥青的深坑动弹不得。但事实并非如此，事实是西方的发展加速了。

思考

1. 战国时代的日本如何在 17 世纪转变？

2. 四十七浪人事件是强调了个人"封建"关系的持续重要性，还是表明了非个人的法律的首要地位？

3. 讨论以下陈述："锁国有力地塑造了德川时代的社会轮廓"，"对外交往有力地塑造了德川时代的文化和社会"。

4. 试讨论："学问比 18 世纪和 19 世纪初的日本经济变革更重要。"

第四章

现代日本，1853—1945 年

本章提纲

- 德川幕府的倾覆（1853—1868 年）
- 建设明治国家（1868—1890 年）
- 现代经济的成长
- 明治时代及以后的帝国主义
- 日本帝国的政治（1890—1932 年）
- 军国主义与战争（1927—1945 年）
- 历史视角下的现代日本

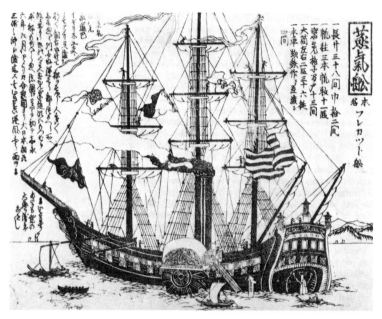

1853 年，日本遭遇了带来历史性冲击的航海远征"黑船来航"。次年，美国海军准将佩里（Matthew Perry）率领由七艘军舰组成的东印度舰队再次来航，逼迫德川幕府对上一年提出的开国要求做出答复，舰队开进横滨近海。

从 19 世纪中叶到 20 世纪初，西方是世界历史中不断扩张的、侵略性的帝国主义强权。西方的工厂以蒸汽为动力，以更便宜的价格生产出更多、更好的商品。西方的商业和军舰遍布全球各地。西方人相信自由贸易，并利用其军事力量将这种贸易强加于他人。这触发了全世界各地的变革。但是，对西方影响的反应在很大程度上取决于每个国家国内力量的分布。许多国家无法做出充分反应，于是沦为殖民地。其他国家则被迫割让领土，同时设法保持独立。在所有非西方国家中，只有日本保持了其独立地位、实现了工业化并且本身成为帝国主义强权。

德川幕府的倾覆（1853—1868年）

背景

在日本对西方的最初反应中，一个显著的特征是其"旧制度"的迅速崩溃。19世纪中叶的时候，德川幕府政权——比现在的美国还要古老，看起来像岩石一样坚固。没有人能想到它会垮台。当它真的垮台时，居住在日本的外国人认为这只是日本势力虚弱的另一个证据。然而事后回顾，如今的我们将德川幕府的州迅速崩溃视为一种积极的发展。在近邻中国，虽然鸦片战争带来的打击更为严重，但清朝恢复过来并且又持续了七十年，旧的观念、价值观和既得利益根深蒂固。在日本，德川幕府政权的崩溃直接导致旧事物的毁灭，为全面改革和新社会的出现开辟了道路。

两个结构性特征促成了幕府的崩溃。锁国维持了自身势力较小但占据幕府最高职位的"谱代大名"与仅统辖自身广阔领地的"外样大名"之间的微妙平衡。锁国锁住了德川时代日本的小小世界，就像手表的外壳锁住了它的内部零件。在这个小小世界中，领地广阔的大名因为自己在幕府的实权圈子里缺乏发言权而感到不满，而中下阶层中有才干和抱负的武士则对名门出身者垄断了本藩的职位感到不满，但只要继续锁国，他们的怨恨和野心就没有发泄途径。当变革来临时，大藩的大名以及中下级武士便利用新的机会开展行动，旧体制很快就崩溃了。一旦手表的外壳被除下，外部侵入的震动就会导致内部零件的崩解。

第二个特征，前面已经指出过，就是天皇与幕府将军令人不解的同时并存。作为天照大神的后代，天皇总是君临天下，但通常进行实际统治的是其他人。"亲藩"水户的儒家者认为，德川幕府的统治是合法的，因为神圣的天皇降下了许可。只要日本处于和平状态并且其边界安全，这种对幕府将军统治的正当理由就可以被接受。但是，当西方军舰终结了锁国状态并将国家暴露给外国商人时，"征夷大将军"未能制服新的"蛮夷"，幕府将军的合法性下降了。就在此时，天皇从幕藩体制中被释放出来用以攻击这一体制。在皇帝掌握实权的中国，这种事态的发展是不可能发生的。

维新政治

海军准将佩里于 1853 年来航日本，并于 1854 年再次来航日本，要求确立条约关系。面对六艘美国军舰的大炮，幕府于 1854 年签署了友好条约。该条约的权限非常狭窄，只涉及海难船员的归还以及在远离江户的两个地区为船只供应煤炭、食物和淡水。条约涉及的与外国人的联系非常有限，对日本的影响最初也很小。在1854年之后的几年里，幕府照常处理自身事务，各藩也自行其是。政治行动的主要内容是大名结成派系试图影响幕府的政策；国内问题依然是中心。

当1858年幕府无视朝廷的反对而与美国签署通商条约时，局面出现变化。美方的代表将英国丑化为妖怪，从而逼诱幕府签署条约。幕府和朝廷之间的分歧使政治的分裂达到了顶点。一些长期以来一直渴望在国家政策制定中发出声音的大大名表示，该条约违反了神圣的锁国政策。雄心勃勃的年轻武士认为条约违背了天皇的意愿，并发起了"尊皇攘夷"的运动。为了抹杀批评者的声音，幕府强迫持不同政见的大名隐居并对武士中的激进分子加以处决或监禁。国家霎时间一片肃杀之气，直到1860年，激进的武士刺杀了幕府的负责人。他的继任者缺乏继续执行其强硬政策的勇气，为1861年至1863年间强藩的再次蠢蠢欲动开辟了道路。

本州西南部的长州藩首先发难。它提出要在朝廷和幕府之间进行调解。表面上看，这是为了弥合通商条约签订带来的裂痕。事实上，长州藩是想在国家政治中宣扬自己的声音。长州藩的官员穿梭于京都与江户之间，提出一项支持幕府但同时也对朝廷做出让步的政策。接下来登场的是九州南部的萨摩藩，其政策要求对朝廷做出更大的让步。它取代了长州藩成为朝廷的亲信。之后，长州藩采纳了藩内激进派武士的勤王政策，反过来又将萨摩藩逐出朝局。外交失败的萨摩藩和另一个藩国联手在 1863 年的军事政变中夺取了朝廷，迫使愠怒的长州藩士返回他们的领地。

关于以上这些政治活动可以指出以下四点。

一、京都的朝廷成为国家政治的一个要素。虽然它既没有军队也没有人才，但其宗教色彩的"唯一主权"（patent of sovereignty）以及武士主导的勤王运动将其推向了一个突出的位置。

二、即使经过二百五十年的幕府霸权，长州藩和萨摩藩仍可以采取独立行动的事实与他们所采取的行动本身一样重要。

三、长州藩和萨摩藩是强大的外样大名，大多数其他活跃的藩国也是如此。长州藩拥有一万户武士以及丰富的经济资源；萨摩藩的武士和资源则更多。此外，两个藩国都在 1600 年与德川家的军队进行了战斗，并且铭记那段更为光荣和独立的过去。

四、在长州藩和萨摩藩，中下级武士开始以十年前无法想象的方式参与到藩内决策之中。在其他藩国，一些年轻的武士也在政治上变得活跃，尽管他们有时不得不为此脱离藩籍。

1863 年京都朝廷发生的萨摩藩政变开启了一个新的政治阶段，其中军事行动决定着每一个重要的转折点。因为除了朝廷和幕府之外，还有二百二十个左右的藩国，所以大小事件错综复杂。日本就像一个有太多铃声和助兴表演的马戏团。但是

戊辰战争（1868—1869年）是日本明治新政府击败德川幕府的一次内战。1868年乃戊辰年，故有此名。图为戊辰战争中萨摩藩之藩士。

大多数藩国都太小而不能在国家政治中占据重要地位。谱代大名的影响力主要是因为他们是幕府的官员。在大藩国中，有些已经破产，而有些则与幕府关系紧密无法独立行事。只要长州藩和萨摩藩仍然敌对，幕府的统治就在这种僵持的局面中得以维持。不过，一旦这两个藩国在1866年联合起来，不到两年的时间，他们就推翻了幕府。

值得注意的另一项发展是"公武合体"运动。发起者是强藩中数个温和的大名。他们希望在天皇（公）之下组建一个执掌政权的诸侯（武）会议。幕府愿意接受这样的折中——只要它可以支配这个会议。这场运动最终无疾而终。当长州藩和萨摩藩宣布维新时，那些传统上支持德川家的温和派大名由于他们争夺权力无望、幻想破灭，选择了作壁上观。如果这些温和的大名坚决支持幕府，结果将会有所不同。

最后，一项关键的发展是幕府军事力量的虚弱。1858 年的通商条约规定划出条约口岸并在其中建设西方商人的居住地。武士中的极端分子忠实于他们的口号"尊皇攘夷"，对外国人和幕府官员发起袭击。萨摩藩的武士杀死了一名英国商人，下关海峡一带的长州藩堡垒则向西方船只开火。不过，当西方炮舰对这两个藩国实施了报复性轰炸之后，两藩均着手采购线膛步枪和炮舰。他们的行为破坏了日本国内的军事力量平衡。长州藩新组建了由下级武士担任指挥的步枪连队[1]。这些部队装备着斯宾塞步枪[2]和米尼弹[3]——大部分是美国内战遗留下来的多余品，在 1866 年完全击败了人数更多但武器更为传统的幕府军队（这一行动使人联想到托洛茨基的不平衡发展定律：在一个欠发达的社会结构中引入先进社会的产品所带来的效应）。奇兵队的指挥官之一正是伊藤博文（1841—1909），一位年轻的下级武士，他于 1885 年成为日本的第一任首相。

1868 年 1 月 3 日，王政复古大号令发出，附带一道剥夺幕府领地的凶狠命令。被激怒的幕府官员从大阪城派出军队试

---

[1] 即奇兵队。——译者注

[2] Spencers，一款美国制的杠杆步枪，美国内战后曾出口到法国、中国、日本。——译者注

[3] Miniés，法国人发明的适合线膛步枪稳定射击的子弹。——译者注

明治维新时代的伊藤博文

图重新夺回京都独立朝廷的控制权，但萨摩藩和长州藩的部队
击败了人数占优的幕府军队。他们的愤怒顿时消散，幕府将军
及其随行人员逃往江户。大多数藩国很快就认可了新的朝廷政
权。5月，江户移交给了勤王派大名的军队。几个月后，江户
城改为了皇宫，江户则改名为东京。一些东北地方的藩国起兵
抵抗新政府，但他们的势力在1868年的秋天遭到粉碎；第二
年的春天，幕府最后的海军抵抗力量在北海道投降。

建设明治国家（1868—1890 年）

　　非西方民族建立现代国家的大多数尝试发生在 20 世纪；19 世纪并不存在"发展中国家"的概念。然而，1868 年明治维新后的日本就是这样的国家（从 1868 年到 1912 年是明治时代，即明治天皇统治的时代）。新政府致力于发展进步，这意味着达到西方国家所拥有的财富和权力。但除了西方国家本身的例子外，日本手边没有蓝图；政府面临着诸多艰难的决定，因为国家只能通过反复试错而前进。它还呼吁日本的人民为未来做出牺牲。

　　回望历史，我们意识到日本拥有促进其进步的重要资产：市场经济、相当程度的识字水平、稳定的地方社会以及某种民族认同感。但是，它也有负面资产，而且在明治领导人眼中十分庞大。1868 年，新政府直接控制了前幕府的领地，但政府收入也只能从这些土地获得。日本的另外三分之二领土仍然被大名的藩国所占据，这些藩国对新政府不纳税，并且只是因为惧怕萨摩—长州的军队而遵从其命令。整个国家都很贫穷，其商业资本不足以培育现代工业。识字率虽然远远高于俄罗斯或意大利，但仍有一半以上的人口不能读写文字；武士具有读写能力，但很少具有远见；他们所接受的汉文教育并不符合国家发展的需要。尽管兰学得到普及，但技术只是受到人们的欣赏，却很少有人真正理解。

一位日本人对西方发明的看法

严肃的日本思想家针对国家的虚弱，提出采纳西方科学和工业的建议。但是，19世纪70年代的"文明开化运动"也有其轻松的一面。1871年，小说家假名垣鲁文写了一篇讽刺作品，描绘了一名拄雨伞、戴手表、头发上喷着古龙水的男子正在一家新开张的牛锅店里吃喝。在维新以前，佛教曾将吃牛肉视为污秽的行为。然而，这位滑稽的主人公在思索，"为什么之前在日本我们没有吃到过这么干净的东西"。接着他继续狂热地谈论西方的发明。

葱段与西方科技的奇迹有什么关系？

[这里 "葱段" 的英文是 pickled onions，意为腌洋葱。但查对假名垣鲁文《安愚乐锅》中本段引文的原文，可知此物日文名为"葱（ごぶ）"。特指牛锅店里用作配料的五分长（1.5厘米）葱段。因此英语翻译有误。特此说明。——译者注]

彼土皆行理之国也。发明了蒸汽船、蒸汽车一类的机械，令人折服啊。用电报机的针尖雕刻报纸的铜板，用气球在空中捕风，可不是奇妙的很么。这个呢，是有理由的。地球的全图里面，有的国写着热带。彼处在赤道，就是日照很近的地方，热得不行。那里的人着了日晒，都成了黑家伙。那的国王就费了许多工夫，造了气球出来，把风捕进大圆袋子里，从空中降下来，放开口子，那大袋子捕了风，就四面八方的吹出去，于是国内就有了习习凉气。奇妙的事可不单这一件。有处叫俄罗斯的国家，是极寒冷的。严冬就不说了，哪怕暑天也会降雪、结冰之类。国人往来行动都是不能的。

故而彼国人费心思造了蒸汽车出来，真让人佩服。其实蒸汽车大概是按着地狱里的火车造出来的，里面装上许多的人，车下缚上火筒，然后把煤炭不停地续进去。这样车上那许多的人就不觉得寒冷，能往来很远的地方了。发明竟然如此了得，又怎么会有这般的心思……您要回了么，好，那再会了。喂，小二，麻烦上一合冷酒，再来少许葱段。

中央集权化与改革

明治新政府成立之初，只有少数几名武士担任领导：长州藩的木户孝允，萨摩藩的大久保利通、西乡隆盛，以及佐贺藩的大隈重信。他们都是三四十岁的年轻人，出身中下级武士，而非之前的少数上层统治者。他们已经作为藩国的政策制定者和新军队的指挥官登上政坛掌握权力。就像华盛顿或林肯在美国，即使到了今天，他们的名字在日本也能唤起神话般的共鸣。

这些武士领袖通过两位赞同其事业的贵族控制年少的天皇，通过与指挥官的关系控制长州藩和萨摩藩的藩军。军队中的许多人后来进入了新政府。最重要的是，他们在旧秩序下的利益微乎其微。他们被人们半是幽默地描述为十二名寻找官僚制度的官僚，但这样的描述并不符合他们的决心和愿景。在萨长藩军的支持下，他们毫不留情地反对旧有的既得利益。

岩仓使节团是 1871 年 1873 年日本政府派遣至美国及欧洲诸国访察之使节团。图为岩仓使节团主要成员。左起为木户孝允（副使）、山口尚芳（副使）、岩仓具视（特命全权大使）、伊藤博文（副使）、大久保利通（副使），摄于旧金山。

他们的第一个目标是大名的藩国。他们首先削减了藩国的自治权，然后在 1871 年废除藩国，设置中央政府直接管理的县。这是一个需要谨慎处理的过程，因为新组建的藩军中有许多人对那些放弃了他们的藩国、组建新的政府的年轻武士领袖怀有二心。为了确保与过去彻底决裂，每个县的新任知事都是从其他地区的武士中选出。（只有萨摩是例外）为树立榜样，长州地方的第一任县知事选择了来自前德川领地的武士。一旦这些藩国被废除，它们的税收就直接流向东京。

1871 年，完成了政治权力集中化的明治政府主要领袖，派出了大约一半成员出国进行了一年半的考察，据称是为了修改不平等条约，不过同时也有意考察他们希望效仿的国家。他们前往美国和欧洲，访问议会、学校和工厂。他们于 1872 年返回日本时发现，留守政府的成员正计划与朝鲜开战。他们迅速制止了这项计划，并坚持将国内改革放在首位。

明治领导人的第二项任务是稳定随着稻米价格而波动的政府收入。这是因为土地税主要来自征收稻米实物。政府将土地税转换为货币税，将价格波动的负担转移到国内农民的肩头。作为补偿，他们将土地所有权的名义归还给农民和地主。但是，三分之一的税收仍被用于支付武士的津贴，因此在 1873 年，政府以征兵的方式组建了一支新军，并在接下来的几年里废除了武士阶级。武士拿到政府的债券作为补偿，于是他们的身家利益就与新政府能否成功息息相关。但是，随着 19 世纪 70 年代通货膨胀期间债券价值下跌，大多数前武士变得一贫如洗。开始时政府的财政改革，最终演变为一场社会革命。

部分武士发起了叛乱。特别是那些参与了维新的藩士对他们的待遇感到愤慨。萨摩藩的武士在西乡隆盛（1827—1877）勉为其难的率领下发起了最后一场也是最大一场叛乱，时间是 1877 年。西乡在 1873 年时因为朝鲜问题而与明治政府决裂。叛乱被镇压下来，明治政府在军事上终于安全无恙。

新思想

整个德川时代，受过教育的日本人将自己视为文明的儒家子弟，除了中国和韩国的世界其他国家则是蛮夷。佩里和其他来到日本的西方人都被贴上了这样的标签。但西方先进的科技很快引发如下质问："蛮夷"如何能够造出横穿世界大洋的蒸汽船？作为一种解释，19世纪60年代后期，研究西学并出任幕府翻译的福泽谕吉，向日本介绍西方流行的历史观，其中西方以其科学、技术与人道法则堪称"文明开化"，而中国、日本、土耳其及其他数个国家则是"半开化"国家，至于世界其他地方就都是蛮夷了。这种历史阶段论颠覆了传统的观点。

福泽进一步推论，使西方如此强大的科学技术无法单独分离出来，乃是源自西方的政治、经济、法律和教育体系。他援引英国人詹姆斯·瓦特（James Watt），后者致力于蒸汽机的发明是因为发明家可以因此得到利润和荣誉，并且他们的奖赏会受到专利保护。他认为，技术的利益来自独立的公民和承认人权的法律制度。

在维新前一两年内，福泽的著作得到广泛的阅读，并成为明治初期的畅销书。他的作品和与他志同道合的同志的作品引发了19世纪70年代的"文明开化运动"。该运动的领袖就立宪政府、哲学、教育、宗教、自然权利、婚姻、妻妾以及卖淫等各种主题发表启蒙主义意见。他们雄辩地谈论妇女的权利。他们的观点在社会传播之时，正是政府建立新的西方式制度之时，也正是那些在政治中寻求发言权的人寻找一种意识形态来为反对派运动辩护之时。

政党的诞生

西方式政治是叛乱的替代品。从 19 世纪 70 年代中期开始，一些武士结成政党并为民众权利、选举权和宪法而斗争。通过文明开化运动而闻名的自由主义西方模式在很大程度上为他们所吸收。他们认为，国民议会是先进社会发掘其民众能量的手段；可以团结君民并遏制萨长藩阀的专权。武士是早期政党运动的支柱，尽管该运动宣称所有阶级一律平等。19 世纪 70 年代中期，武士叛乱与政党创建往复出现，但随着叛乱的结束，政党成为主要的反对势力。

为了安抚政党，政府于 1878 年成立了县议会。许多"民权"活动家选举进了这些机构，并且靠着举行选举，那些事实上的非官方压力团体变为了合法的政党。希望减税的农民加入进来；希望改善他们状况的穷人也加入进来。在 1881 年的政治危机之后，政府承诺在 10 年内召集全国议会，这推动了政党活动再次兴旺发展。19 世纪 80 年代，政党的势力有起有落。当穷苦的农民掀起叛乱时，各政党暂时解散，以撇清他们与农民起事之间的关系。但随着全国大选的日期临近，他们重新组织并恢复了力量，党内知名人士和地方有影响力的人士之间联系得越来越紧密。

明治时代的文化革命：西方人的视角

虽然政党为立宪政府做下准备，而政府则设下堤防来限制政党，但日本的社会和文化正在发生变革。

关于 1868 年时的日本学生

这校长看到的是一幅怎样的光景……他们都穿着宽松的传统服装，袖子长长的，像袋子一样。下身是衬裙一样的短裙，在上面开口；头顶剃得光光的，顶髻绾得好像枪锤那样。成年人与孩童手里拿着写字的石板和习字帖，腰带上用麻绳拴着普通的廉价玻璃墨水瓶。手和脸都被黑色的墨汁花脏了。但最怪异的还要属他们每人都佩着两把杀气腾腾的剑，一长一短，别在腰带里。这是士兵的象征而非学者的象征。不过武士往往身兼两者就是了。

关于 19 世纪 70 年代的日本

要了解日本的局势，你必须意识到，不到十年前，日本人生活在与我们的骑士时代或中世纪封建制度一样的状况之下，有修道院、行会、普世教会等，但是，人们几乎可以说，就在从晚上到清晨的一夜之间，日本试图用一个大步跨越欧洲五个世纪的发展阶段，并在瞬间消化西方文明的所有最新成就。因此，这个国家正在经历一场巨大的文化"革命"——"进化"一词无法形容如此迅速、如此根本的变革。能成为一个如此有趣的实验的见证者，我深感幸运。

19 世纪 90 年代的回望

如果考虑到日本青年的相对早熟，以及二十年前学生从其前辈那里继承的无法无天的传统，并进一步考虑到二十年前家长的权威在日本处于最低点，因为那些锐意进取的年轻人意识到他们远比陈腐的、旧世界的父母知道得更多，所以……那些早先发生的罢工有时会令人震惊地证明日本人天生拥有的组织力量……但是我谈论

的是多年前发生的事件。现在的情况发生了很大变化……二十年前
锐意进取的学生成了今天的锐意进取的家长，并成功地重建对子女
的权威，这种权威曾经从他们旧世界的父辈手中滑落。

W. E. Griffis, *The Mikado's Empire*（New York：Harper and Brothers，
1896），p. 370；E. Baelz, *Awakening Japan*：*The Diary of a German Doctor*
（New York：Viking Press，1932），p. 16；A. Lloyd, *Everyday Japan*（New
York：Cassell and Co.，1909），pp. 272–273.

论妻妾

在十九世纪七八十年代，日本一流的思想家将西方思想广泛地
介绍到他们的祖国。其中包括自由和平等是人类固有的权利。在讨
论婚姻平等和妻子权利的问题时，知识分子对纳妾与卖淫提出了强
烈的批评。经过辩论，十九世纪八九十年代通过了一系列法律，以
加强妻子的法律地位。森有礼（1847—1889）是一位留学英美的著
名思想家，他于1874年撰写了以下段落。他后来成为外交官，并
于1885年至1889年间担任文部大臣。

新思想引发戏剧性的社会变革，你能想到美国或欧洲历史上的
一个类似例子吗？这些变化持续了多久，又变得多么根深蒂固？

夫妇之交人伦之大本也。本立而道行，道行而国始坚立。人既
婚嫁，权利义务即生于其间，不得互相凌驾……

……

从来婚法有数种……或有妻外别娶一妾或数妾者，或有妾转而
为妻者。有妻妾并居者，又有别居而疏妻亲妾者……有夫之专决与
妾家之承诺则娶妾可成。或得附金若干与妾家，称为赎身。即以金
若干买取其人之义也。凡为妾者，概多艺伎、游女之类，娶之者皆

系贵族、富人。故而贵族、富人之苗裔多有出于买女者。纵使妻妾并居，交际或如主从，因夫常偏爱妾而致妻妾妒害交加，以至常相仇视。故妻外有妾或数妾者，将之散置别所，己身先往溺爱者处同居，恣作丑行之事甚多……

故今日余于此辩说我邦尚未立人伦之大本。其害风俗、妨开明之状，留待他日再论。

明治宪法

政府厌恶政党运动，但不知道如何应对。承诺颁行宪法是一种策略。1882 年，已经成为政府强人领袖的伊藤博文出国寻访可以服务日本的宪法。他在德国找到了他喜欢的宪法原则，并将一位德国法学家带回国以修改保守的 1850 年普鲁士宪法适应日本的需要。正如 1889 年颁布时所呈现的那样，明治宪法之所以闻名，是因为其赋予天皇广泛的权力却赋予国会下院（the lower house in the Diet，Diet 是对日本两院制国民议会的英文称呼）[①] 极为有限的权力。

---

① 日语称众议院，英文正式译为 "House of Representatives"。——译者注

《明治宪法颁布图》中，佩剑的明治天皇坐在华盖下，图中亦可见皇后及其女官。

根据宪法规定，天皇享有主权，"神圣不可侵犯"。伊藤评注道，所谓神圣性来自神道术语的定义。和普鲁士一样，天皇直接掌握武装部队。他直接凌驾于 1878 年成立的参谋本部之上。皇帝有权指名首相人选并任命内阁成员。他可以解散国会下院并在国会休会期间颁布帝国敕令。在内阁之外又设立宫内省，管理 19 世纪 80 年代拨给皇室的巨大财富——这样天皇就不必接近议会里的政治家，向他们毕恭毕敬地要求资金支持。宪法通篇都明白示意，明治领导人在所有事务上都会为天皇效力。最后，宪法本身是天皇对其臣民的恩赐。

相比之下，国会下院仅获得了批准预算和通过法律的权力。而且两种权力都受到束缚。宪法规定，如果新预算未获批准，前一年的预算将继续有效。任何法案还必须由指定贵族充任的议会上院（日语称参议院）批准才能成为法律。此外，为了确保政党本身代表日本社会中稳定和负责任的力量，投票权只给予纳税十五日元或以上的成年男性。1890年时这样的人口约占成年男性的百分之五。简而言之，伊藤从来没有打算建立一个具有充分审议权的议会制度。他设计的乃是一套宪法体系，议会只作为其中的一部分而存在。

政府还设立了旨在限制政党未来影响力的机构。1884年，它册封了一批新贵族，用来填充贵族院①。成员包括旧贵族和明治政府的领袖。出身下级足轻的伊藤博文在新华族秩序中首先封为伯爵最终升到公爵。1885年，他创建了内阁体制并成为第一任内阁总理大臣。他的继任者是萨摩藩的黑田清隆（1840—1900）以及长州藩的山县有朋。1887年，伊藤又组建了以自己为首脑的枢密院，用来批准他所起草的宪法。1888年，新的法律制度和公务员考试制度建立，以使帝国的官僚机构免受卑污的政党政治的影响。官僚制度起初只是贤才与他们下属的松散组织，到此时，已经开始变得高度系统化。详尽的行政法规定了官僚的职能并管理其行为。他们属于高收入群体：中级公务员的财力足以召唤艺伎。1890年，公务员人数为两千四百名；到1908年，这一数字上升为七万两千名，对于一个人口为四千九百万的国家而言，这支队伍并不过分庞大。

---

① 明治维新后设立新的贵族制度，贵族称为"华族"，分为公侯伯子男五等。日本战败后，1947年废除贵族制。——译者注

现代经济的成长

德川时代晚期的经济相对落后，与东亚其他国家的经济没有显著差异。约百分之八十的人口生活在农村，勉强维持着生计水平。稻田耕作技术精密，但劳动强度很大。税率高达收成的百分之三十至百分之三十五，三分之二的土地税是以实物形式缴纳的。也就是说，货币只是部分地渗透到农村经济之中。日本缺乏基于机器的工厂生产、蒸汽动力和大额资本积累。

明治初期的改革去除了德川时代晚期经济的枷锁。人们的职分不再固定，这意味着农民可以经商而武士可以耕种。大路上的关卡被废除，控制中央市场准入权的垄断行会也被取消。废藩置县开放了原本部分自我封闭的区域经济。大多数大型商号与大名之间财务关系过于紧密，于是破产，但新的商贸企业和基于农业的传统工业迅速成长起来。

蚕丝是奇迹作物。政府引入了机械缫丝技术，使日本赢得了从前属于中国手工缫丝制品的市场。大约三分之二的日本丝织品出口国外，直到 20 世纪 30 年代，棉纺织品才取而代之变得更为重要。丝织品产量从维新后的二百三十万磅增加到世纪之交的一千六百万磅，1929 年大萧条前夕更达到九千三百万磅。丝织品的利润为其他行业提供了发展资本。

东京银座路灯建设之图

　　农业也发生了与之平行的解放。19 世纪 70 年代的土地税改革降低了税率，给予农民明确的土地所有权，固定货币化的税收，从而创造出了强大的经济增长激励。先进的地主会采购肥料和农场设备。稻米产量从 1880 年至 1894 年的每年 1.49 亿蒲式耳增加到 1935—1937 年的 3.16 亿蒲式耳。更多的食物、加上更低的死亡率——来源于更好的卫生水平——导致人口的增长，从 1868 年的三千万增加到 1900 年的四千五百万，再到 1940 年的七千三百万。由于农业人口保持不变，额外的人力就可以转入工厂生产和其他城市职业。

　　固定税率有时会伤害小农。19 世纪 80 年代的通货紧缩中，当农产品价格下跌时，许多人被迫出售他们的小块土地。土地租种率从 1868 年的约百分之二十五上升到世纪之交的百分之四十四。新兴的农村繁荣中没有支付实物地租的佃农的身影。

横滨邮局开业之图

第一阶段：模范工业

现代工业的发展是政府最关心的问题。这分了四个阶段进行。直到 1881 年的第一阶段是建设模范工业的时代。随着军事力量建设成为目标，明治政府扩张了它从德川时代继承的兵工厂和造船厂。政府搭建电报线缆，开始铺设铁路，开掘煤矿和铜矿，并设立工厂生产棉纺品、水泥、玻璃、机床和其他产品。19 世纪 70 年代创立的每一种新行业都是政府的心血。伊藤博文主导、1870 年成立的工部省发起了许多以上的项目。然而，这些早期工业的产量微不足道。他们基本上都是试点工厂，同时兼作培养技术专家和劳工的"学校"。

与经济发展同样重要的是其他新机构与制度的创办，如银行、邮局、港口、道路、商业法、公立中小学系统和公立大学。

这些大学仿效的是欧洲和美国的模式，虽然后者的模式经常遭到改变以适应日本的需求。例如，东京帝国大学成立农学部比欧洲任何一所大学都早。

第二阶段：私营企业，十九世纪八九十年代

在十九世纪八九十年代，现代产业部门出现了更大幅度的增长。标志就是财阀的出现。财阀后来成长为巨大的产业联合体。对想要成为企业家的人而言，资本积累是他们面临的最大问题。比如岩崎弥太郎（1834—1885）就动用了政治上的关系。在维新之后，他以前作为土佐藩官员时掌管的船只归入了他自己的控制。之后，他又获得了1874年台湾出兵以及1877年萨摩藩叛乱期间用于运送部队的政府船只。由此开始，岩崎设立航线与外国公司竞争，创办银行并投资了一些企业，这些企业后来并入了三菱集团。

涩泽荣一（1840—1931）是另一位特立独行的企业家。他出身一户制造靛蓝染料的繁荣农民家庭，当上了染料商人。他曾经组织了一支地方的勤王队，之后却转换立场成为最后一任幕府将军的家臣。他在法国度过了两年时光，1868年维新之后，他进入了大藏省。1873年，依据所谓的"下凡"①传统，他从

① heavenly descent，日语称为"天下り"，表面意思是从天上下凡，实际指的是政府高级公务员辞去工作，转入相关企业就职——译者注

作为巴黎世界博览会使节团的一员
访问欧洲期间，涩泽荣一剪掉了发
髻，穿上了西装。

政府转任到私营企业。他创立了日本第一家银行，展示出他借
助他人资金创办新兴产业的才能。他最初的成功是大阪纺织株
式会社，于 1882 年成为日本第一家股份制公司。投资者获利
丰厚，资金滚滚涌入新纺织厂的创建：到 1896 年，纱线产量
达到一千七百万磅，1913 年时更达到 1896 年时的十倍。进入
20 世纪后，棉布取代纱线成为日本现代化增长的焦点：产量增
长超过百倍，从 1900 年的两千两百万平方码[①] 增加到 1936 年
的二十七亿平方码。

---

　　① 　平方码是一个英制的面积单位，其定义是"边长为 1 码的正方形的
面积"，1 平方码 =0.83612736 平方米。

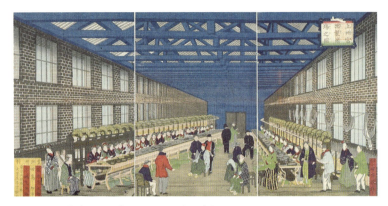

涩泽荣一主持建立的原富冈制丝厂的缫丝车间

铁路是另一个快速发展的行业。在此之前，日本的大部分贸易由沿海航运业占据。在明治初期，陆路运送货物五十英里的费用与将货物运往欧洲的价格一样高。铁路降低了运输成本，并在日本建立了循环交通网，联结了迄今为止孤立的地区。1872 年，日本只有十八英里的轨道；到 1894 年，达到两千一百英里；到 1934 年，则是一万四千五百英里。

19 世纪 90 年代，在棉纺业和铁路之后，水泥、砖块、火柴、玻璃、啤酒、化学品和其他私营企业也纷纷发展。大胆的企业家开拓这些新的行业，人们不得不称赞他们的远见和活力。与此同时，人们也不应忘记政府创造了有利于增长的环境：国家和社会稳定，日元可靠，资本安全，工业税极低。

1872 年，新桥和横滨之间的日本首条铁路开通，举行开通仪式。《东京汐留铁路开通典礼图》描绘了明治天皇专列由横滨返回新桥停车场时的情景。

第三阶段：持续增长，1905—1929 年

在日俄战争（1904—1905 年）之后，经济继续增长，并在第一次世界大战期间蓬勃发展。轻工业和纺织业是核心，但钢铁、航运、煤炭开采、电力和化学工业也在增长。战争结束后经济出现衰退，20 世纪 20 年代增长变得缓慢——原因是重回和平的欧洲开始了新一轮竞争以及 1923 年摧毁东京的灾难性地震。东京的重建借助了国外贷款，但借款导致了通货膨胀。20 世纪 20 年代农业生产力也趋于稳定：从侵占的中国台湾和朝鲜进口事物比在国内投资新农业技术更为便宜。

经济增长的人力成本往往很高。由于纺织业在增长的早期阶段发挥了重要作用，直到 20 世纪，超过一半的工业劳动力是女性。他们小学毕业后就去工厂上班，然后在结婚前回到自

己的村庄。"缲丝的少女就像脏水，不能存太长"，一首歌里唱道。她们的工作时间很长，宿舍十分拥挤，并且行动受到限制。"雇佣合同里的钱封存在那里，我也一样"，这是另一句唱词。许多人感染了结核病——即19世纪末和20世纪初日本的"白色瘟疫"，并被送回她们的村庄等死。以下唱词直截了当地描述了公众对工厂女工的态度：

女职员如柳

女歌人如堇

女教师如兰

女工人如瓜 [1]

第四阶段：萧条与恢复

1927年的日本银行危机以及随后的1929年全球大萧条导致日本陷入失业和苦难。在出产大米的东北地区，困苦尤其严重，因为很少有其他可以依靠的就业机会。大萧条的政治后果影响深远。然而，日本大部分地区到1933年就基本恢复了，甚至东北地区也没有晚于1935年，恢复速度比任何其他工业

---

[1]　E. Patricia Tsurumi, "Whose History Is It Anyway？　And Other Questions Historians Should Be Asking," in *Japan Review*（1995）6：17–38, p. 21. By permission of the International Center for Japanese Studies.

国家都快。

日元的低价推动了经济复苏，引发出口热潮。另外，国内的军事采购也有助于经济复苏。20 世纪 30 年代，生铁、原钢和化学品的生产翻了一番。日本有能力建造完整的发电站，并在机床和科学仪器方面实现了自给自足。造船业稳步发展，到 1937 年，日本拥有四百五十万吨的商船队，是世界上第三大、当然也是最崭新的商船队。尽管 20 世纪 30 年代，棉纺织品持续增产，但相对于重工业产品，纺织业所占的比重在下滑。日本厂商的产品质量也有所提高。此时，西方对日本出口品的强烈抗议并不在数量方面——仅占 1936 年世界出口量的百分之三点六——而是因为日本产品首次在质量方面具有了竞争力。

夏目漱石论急速现代化的代价

在世纪之交创作新式文学一系列日本小说家中，夏目漱石（1867—1916）是最早的一位。其文笔常带幽默感。他的早期作品《我是猫》，从猫的角度看待东京家庭。他主张伦理个人主义高于国家道德。他描写了在不断变化的社会和人性黑暗中人类的孤立。

日本快速现代化的成本是什么？是否只有少数先进的思想家经历过这种不安，或者这种不安曾在整个社会中产生了影响？它与现代西方世界的异化有什么不同？

《现代日本的开化》

让我们抛开对西方新理论半生不熟的理解。如果我们真正着手研究并从 A 理论发展到 B 理论再发展到 C 理论——而非追赶时髦、

夏目漱石

纯粹出于虚荣心而炫耀新鲜；那么，比如说通过循序渐进的自然而然的内在发展，我们要到明治维新四五十年后才能达到西方人花了一百年才达到的复杂文明程度。西方人在精神上和身体上都比日本人更强健，就算不考虑他们作为开拓者所经历的艰辛，他们也花了一百年的时间。如果我们能够在不到一半的时间内实现这一进步，我们当然可以为获得了这惊人的知识而感到骄傲，但无法恢复的神经虚脱将折磨着我们。我们将喘着粗气，倒在路边呻吟。

《行人》

兄长的痛苦在于，兄长不论做什么、怎么做，都觉得那不仅成不了目的，也难称为手段。只是不安而已。因此没办法待在那里不动。兄长说他因为没法静下来睡觉，所以就起身了。说起身了，也没法就那样起身待着，所以就到外面去走路。又说走路也没法就那样走着所以就跑起来了。又说既然跑起来了，那就停不下来了，也没个终点。又说要只是停不下来也还好，谁料却一会儿比一会儿跑得更快了。说这样的极端想想都觉得可怕，要出冷汗似的可怕，可怕到承受不了。

我听了兄长的说明，很是吃惊。这样的不安，我可是自出生以来一次也没体会过的。就算能理解，也没法有同情的感觉。我倾听着兄长的诉说，那感觉就像没有过头痛的人，听人诉说自己是如何的疼痛欲裂。我稍微思考了一会，结果"人的命运"什么的就朦朦胧胧地浮现到了眼前。我觉得对兄长而言这是个好慰藉。

"你说的不安，乃是人类全体的不安，要是知晓了这并非你一个人的苦痛，不也就如此么。过不去了就绕道而行，这就是我辈的命运啊。"

我这话不仅糊里糊涂的，而且马马虎虎的，颇有些令人不快。随着兄长目光锐利地投出轻蔑的一瞥，也就弃之不顾了。兄长如此说道：

"人的不安是科学发展带来的。科学是不知道停止的，也不允许我们停下来。徒步不行就人力车，人力车不行就马车，马车不行就火车，火车不行就汽车，然后是飞艇，然后是飞机。到哪儿都不会让你休息一下的。也不知道会把你带到哪里去。实在是可怕。"

"那还真是可怕。"我说道。

兄长笑了。

"你这个可怕，说的时候可是一点都不困难。真正的可怕不是这样的。你那不过是脑子里觉得可怕而已。我不是这样。我是打心眼里感到可怕，在脉搏里跳动着的活生生的可怕。"

First selection from Natsume Sōseki, "The Enlightenment of Present-Day Japan" in *Sōseki zenshū*, Vol. 14, p. 279. Translation by T. Craig; Second selection from "An Introduction to Sōseki," by E. McClellan. *Harvard Journal of Asiatic Studies*, 22 (December 1959), pp. 205–207.

明治时代及以后的帝国主义

20 世纪前后的年代集中体现了自 1868 年以来政府持续努力的成效。经济正在稳定发展。维新之前数年内签订的不平等条约分两步加以修订。1899 年，日本（通过 1894 年签署的条约）摆脱了治外法权，并于 1911 年恢复了对其关税的控制。但是，日本是通过对邻国的侵略才赢得了世界强国的地位。以下四次事件至关重要。

第一次是 1894 年至 1895 年期间与中国的战争，因为两国在朝鲜的利益冲突而爆发。西方观察家预计，同样购置了现代战舰的中国将获胜，但日本人利用现代海军战术击沉了中国舰队，并在陆地上取得了胜利。从军事胜利中日本侵占了台湾、澎湖群岛、辽东半岛，获得赔偿并签订条约使其在中国享有与西方国家相同的特权。然而，俄国有自己的扩张计划，并在法国和德国的支持下迫使日本放弃包括旅顺港在内的辽东半岛。三年后，俄罗斯自己侵占了该半岛。

第二次事件是日本参加 1900 年的八国联军。

第三次事件是 1902 年的英日同盟。对于英国来说，该同盟确保了日本对英国东亚利益的支持，并且避免了日俄就东北亚势力范围达成协议的可能性。这是在英国鞭长莫及的地带进

日本画家所画的中日甲午战争

行的一项地区性协调。对于日本而言，该同盟意味着它可以在不担心第三方干预的情况下与俄国作战。如果第三方介入，英国承诺站在日本方面加入冲突。在日方看来，英日同盟是世界大国对维新以来日本所取得的进步的认可。

第四次事件是与俄国的战争。该战争始于 1904 年初，当时日本的鱼雷舰艇对旅顺港的俄国舰队发动突然袭击。1905 年 3 月，日本军队在陆路将俄国人从中国东北地区的铁路沿线区域驱赶出去并占领了奉天（沈阳的旧称）。俄国人派出了他们的波罗的海舰队参加战斗，却在对马海峡被东乡平太郎歼灭。经过数月的战争，两国都已经疲惫不堪；而在国内，俄国一直受到革命的困扰。美国总统西奥多·罗斯福（Theodore Roosevelt，1858—1919）提议在新罕布什尔州的朴次茅斯举行

日本画家所画的日俄战争

议和会议。由此产生的条约使得日本从俄国手中获得了辽东半岛的租借权、"南满"地区的俄国铁路、萨哈林岛的南半部以及俄国对日本在朝鲜拥有"卓绝之利益"的承认。1910年，日本吞并了朝鲜。

具有讽刺意味的是，日本这个仍然没有摆脱不平等条约的国家竟然加入了帝国主义争夺殖民地的行列。日本的传统与经济状况都不能解释它对殖民地的渴望。传统上日本很少寻求对外扩张；而它在经济方面也才刚刚开始建立现代工业，并没有多余资本可以出口。答案其实更为简单，日本希望与西方强权平起平坐，而军事力量和殖民地就是最好的凭据。应该注意的是，一旦做到这些，西方毫不犹豫地就承认了日本的新地位。在日本，各行各业的人士——包括政党政治家、保守派领袖和大多数自由派思想家——都对帝国抱有热情。

　　1912 年明治时代的结束（明治天皇驾崩）并未影响日本的政策。那时，西方虽然认为日本在世界范围内仍是次要国家，但在东亚已经是一个重要的大国了。在追求自身的东亚利益的同时，日本越来越多地与西方合作。1914 年，作为英国的盟友，日本向德国宣战并侵占了山东。次年，利用欧洲大国无暇顾及东亚地区的间隙，日本对中国提出了"二十一条"要求。中国虽然被迫承认 1904 年后日本在满洲的地位，但成功地抵制了对方的其他要求。1918 年，日本参加了凡尔赛和会。1919 年，它出兵参与西伯利亚地区（反对俄国革命的）联合武装干涉。日本的参谋本部在天皇的名义下自行其是，派出了比原先各国商定数目更多的军队，并且在西伯利亚一直待到 1922 年，此时其他国家的军队早已离开。这种代价昂贵且毫无结果的冒险导致军队在日本国内的声望开始下降。日本还参加了 1921 年至 1922 年的华盛顿会议和 1930 年的伦敦会议。两次会议的目的都是为了制造一个更加和平的国际秩序，同时不干涉大国对各自殖民地的控制。

　　1924 年至 1927 年以及 1929 年至 1931 年两次出任外务大臣的币原喜重郎将对外政策转向国际主义，加强了与西方列强的合作。历史学家经常称之为"币原外交"。币原的外交政策得到了议员、官僚和商人组成的"议会联盟"的支持。

教育、城市化与现代思想

教育是日本转型的核心。德川时代只有世袭制的精英，但现代日本的精英都出自学院教育。19 世纪 70 年代，德川时代寺子屋（附属于寺院的学校）里教授的儒家课本几乎在一夜之间全部改成了美国学校课本的译本以及（在短时间内的）改编本。到 1886 年，约有百分之四十六的儿童接受学校教育；到 1905 年，这一数字达到百分之九十五，还在缓慢上升。强制性义务教育的时长最初只有十六个月，1880 年加到三年，1907 年加到六年。最初，地方的资助对于教育至关重要，但在 1890 年颁布以天皇为中心的教育敕语后，教育变得更加中央集权化，课程也变得更加标准化。从二十世纪二三十年代到战争年代，越来越多的人进入了中学和高中。20 世纪之交日本人几乎人人识字的状况，与政治活动的增加、劳动力的素质提高以及报纸和杂志的繁荣相互关联。

在教育体系的另一端是"高等学校"——类似于法国的公立中学（lycées）或德国的文理学校（gymnasia）以及其所服务的国立大学[①]。东京帝国大学成立于 1877 年，并于 1886 年成为一所多学部综合大学。其他帝国大学的成立紧随其后：1887

---

① gymnasia，单数形式 Gymnasium，是一种为进入大学做准备的学校。——译者注

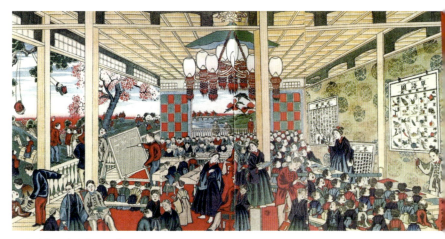

明治时代日本的小学课堂

年是京都帝大，1907 年是东北帝大（设在仙台），1910 年是九州帝大（设在福冈），等等。20 世纪之交，获准自称为"大学"的私立学校也纷纷建立：1868 年福泽谕吉创办庆应义塾大学，1882 年大隈重信创办早稻田大学，1875 年基督徒新岛襄创办同志社大学。大学入学人数从 1900 年的两万两千九百一十人增加到 1940 年的二十二万三千四百七十七人。此外，还兴办了音乐和艺术学校以及工程和商业专科学院。尽管增长迅速，但接受大学教育的人仍然只有百分之三，他们与仅接受了小学或中学教育的大多数日本人之间存在巨大的鸿沟。这种鸿沟将被证明是 20 世纪 20 年代政治民主的基本缺陷。

　　城市是变革的最前沿。19 世纪 70 年代东京的景观都被木版画一一记录，其中展示有西式建筑、马拉的有轨电车、火车站、煤气灯、牛排店以及修剪非武士发型的理发店。1895 年，四千二百万人口中有百分之十二生活在城市，到 1935 年，这一比例上升至六千九百万人口的百分之四十五。城市更加自由：在农村，每个人都相互认识；而正如日本人所说的那样，城市居民只认识"对面的三户和两边的两户"。随着城市变得更加富裕和更现代化，工人喝着啤酒和软饮料，去酒吧和餐馆消费，欣赏电影，阅读报纸和杂志。摩登男女①漫步在东京的银座。年轻的男士戴着哈罗德劳埃德式的眼镜，年轻的女性则喝酒、抽烟，阅读文学作品。20 世纪 20 年代是烫发、泳衣、露大腿的歌舞队和卡巴莱表演（cabaret）的年代。那些没有参与左派运动的大学生全神贯注于三个 S——体育、银幕和性（sports、screen and sex）。也有人对新城市文化的极致发展表示强烈厌恶。1931 年和 1932 年大萧条最为严重时，评论家称他们的时代为"色情、怪诞与荒谬"。城市与更加传统的农村之间的鸿沟不断扩大。在同一个家庭中，德川时代末年出生的祖父母、19 世纪 80 年代日本西化浪潮下出生的父母以及进入 20 世纪之后出生的子女之间，也存在着巨大的生活经历差异。

日本的政治文化变得更加自由。东京帝国大学法学院教授美浓部达吉（1873—1948）提出这样一种观念，即天皇只是国

---

① モボ・モガ，是「モダンボーイ」（modern boy）、「モダンガール」（modern girl）的缩略表达。——译者注

家的一个机关，并受其他机关之行为的影响。他的想法是为国会在日本国家中日益重要的作用辩护，并为之后几代进入政府部门工作的学生所接受。另一位思想家，同样担任东京帝国大学教授的基督徒吉野作造（1878—1933），于 1916 年写道，国家的"根本是人民"，他们的福祉才是首要之事，即便国家的主权落在天皇身上。

类似的趋势在文学中也可以看见。才华横溢的小说家夏目漱石认为，个人道德高于国家道德，并且嘲笑在日本经常听到的那些爱国调调，"为了国家"，他小说中的一个人物说道：

> 当做豆腐的要去卖豆腐时，他可不是为了国家。这人唯一的念想便是谋生——尽管如此，他最后大概也能满足社会的需求并间接让国家受益……不过要是一个人总是在脑子里想着国家国家的，那不是很可怕么：吃饭是为了国家，洗脸是为了国家，连去个厕所也是为了国家！[①]

另一位文学家在 20 世纪 20 年代写道："若是我未曾识得托尔斯泰，我或许会做政治一行，日复一日地过活，没有信仰或是活着的理由。"另外还有人提到，"只有没有威权的国家才

---

① Natsume Sōseki, "My Individualism" in *Sōseki zenshū*（1929）vol. 14, pp. 378–379. Translation by T. Craig.

适合居住"，并希望日本最终将诞生出自己的歌德和爱默生。

当然，日本的思想发展具有多条线索。德国哲学在明治宪法颁布后与德国法学一道进入日本，并且具有最强的影响力。高中生唱道：

> 笛康叔（笛卡尔、康德与叔本华），
>
> 笛康叔，
>
> 靠他们过半年，
>
> 然后我们再睡半年。

最受欢迎的哲学家是黑格尔。京都帝国大学的西田几多郎（1870—1945）将禅宗和德国唯心主义结合并因此闻名。基督教也进入日本并传播关于家庭和社会的新观念。温和的基督徒铃木文治（1885—1946）于1912年创办了早期的工会，即友爱会。该会支持社会改革与男性普选权，并要求更高的工资和更好的工作条件。马克思主义的传播要更早一些，但在大学、工会和文学界形成力量则要到更加自由的20世纪20年代（1918年俄国革命之后）。在亚洲大多数地区，左派运动往往重视列宁关于帝国主义的理论，但在日本，它更强调资本主义社会的剥削性质。

日本帝国的政治（1890—1932 年）

议会始于西方并且在那里运作得比世界其他地方更好。对于日本而言，在 19 世纪创设议会是一项大胆的冒险。即便是明治宪法般慎重的宪法在西方之外也没有先例，大多数西方观察家对其能否成功持怀疑态度。吉野作造在 1916 年写道，日本建立政府宪制时"人民还未做好准备"。从现在的视点回顾，我们如何看待 1890 年后日本的政治历程？

有一种观点认为，由于日本人没有为议会政府做好准备，20 世纪 30 年代的军国主义是不可避免的。从民主制度的理想来看，日本当然有许多弱点：中产阶级弱小、工会薄弱、选举权有限、妇女权利微薄、以天皇为中心的民族主义势力强大，以及军队在有名无实的天皇统治下自行其是。如果日本社会并非如此，那么 20 世纪 30 年代的历史将会有所不同。

不过，其他人指出，这些弱点并没有妨碍国会重要性的逐步增加，也没有阻止权力从明治维新的元勋领袖向政党领导人手中转移。这种转移尚达不到完全的议会政治。但是，如果没有因为军事冒险和大萧条而议会政治脱轨的话，它或许会在 20 世纪 30 年代持续发展下去。

议会政治的第一个十年，1890 —1900 年

明治宪法下的日本政治历史可以有两种写法。第一种是描述政府及其活动。政府由内阁、内阁下属的各省、各县及以下的地方政府组成。地方政府归属握有重权的内务省管辖。政府的活动包括制定预算、建立现代军队、从事战争、改进银行系统、建立新的大学，进一步改革税收制度等所有这些活动——它们全部是现代化国家的特征。第二种历史的写法则涉及不同群体和权力机构之间的斗争。

1890 年，明治政府的领袖——有时被称为藩阀——将自己视为建国者或是政治家，而非政客。他们认为内阁乃是"超然"于党派利益之上，为天皇和国家服务。他们认为政党吵吵嚷嚷、效率低下、不负责任。他们将众议院基本视为一种安全阀门，在那里，民选的政党领袖可以在不干涉政府建设新日本的严肃工作的情况下发发牢骚。但藩阀们计算错误了。众议院批准或拒绝预算的权力使得该机构比他们预期的更加强大。这使得藩阀卷入他们希望避免的政治斗争，不管他们愿不愿意。

1890 年新国会中政党的第一次行动便是削减政府的预算。山县首相非常愤怒，但不得不做出让步，以便找回部分削减的预算。这种以减少年度预算的方式施加政治压力的模式持续了近十年。财政开支逐年上升意味着维持前一年的预算总是不够

用，尽管政府试图恐吓和贿赂各政党，但遭到失败。它甚至组建了一个政府一方的政党，并试图谋求警察和地方官员对该党的竞选支持以便赢得选举。但这同样失败了。反对党保持了对众议院的控制。他们在地方各县都组织良好，因为地方议会自 1878 年起就是选举产生的了。支持反对党的选民大多是富裕的土地所有者，他们反对征收沉重的土地税。

伊藤博文对国会政治的第一个十年深感不满。针对每个议题都爆发了冲突，而政府似乎无能为力。由于无法击败或胁迫政党，确信他的宪制并未失败的伊藤于 1900 年组建了一个新型的政党，他将其命名为立宪政友会。该党的崭新性在于它联合了一位藩阀寡头——也就是伊藤自己、一群前官僚以及一个已有的政党——自由党。自由党由土佐藩的武士与前政府军指挥官板垣退助（1837—1919）于 1881 年组建。双方都从这次合并中获益。伊藤及其后的首相获得了必要的国会支持以使政府顺利运作。自由党政客则得到了内阁职位和借立法政治分肥的权力，以便奖励自由党的支持者。在之后二十年的大部分时间里，政友会都是日本最重要的政党，通过控制众议院而为历届政府提供议会支持。通过创造政友会，伊藤使宪制得以运转，但代价是牺牲内阁的超然性。

大正政治危机

1900 年至 20 世纪 20 年代之间的政治斗争象征着藩阀政治影响的下降和政党权力的上升。藩阀日渐衰老，缺乏国会政党政治的能量。伊藤博文很快就发现，担任政友会的总裁以及与政党政客合作并不是一桩妙事。他无法容忍政党政客们的不断口角。这些政客与官僚不同，既不服从伊藤，也没有向伊藤表示出他认为自己应得的尊重。他曾经在党内的某次秘密会议上大发雷霆。伊藤于 1901 年出任首相，这是藩阀出任首相的最后一次。此后，伊藤博文与山县有朋都选择通过自己的代理人发挥影响力：伊藤的代理人是贵族出身的西园寺公望（1849—1940），1903 年时伊藤将政友会总裁之位让给了他。山县的代理人则是长州藩出身的旧军人桂太郎（1847—1913）。1901 年至 1911 年，西园寺和桂轮流担任总理，两人都得到了政友会的支持（伊藤于 1909 年被一名朝鲜民族主义者刺杀）。

政党权力的上升以 1912 年至 1913 年的"大正政治危机"为里程碑 [大正是嘉仁天皇（1912—1926 年在位）的年号]。政友会希望紧缩开支并降低税收，但军队想要更多的经费。当西园寺首相削减了军费时，军方撤回了自己的大臣，西园寺内阁倒台。桂受命组建新的内阁，但因为他反对添置新的战舰，海军方面拒绝提名海军大臣。桂则抬出海军方面无法拒绝的天皇诏敕强迫对方服从。

然而，在公众的眼中，是桂导演了西园寺的倒台以便取而代之，然后又为了他自己的自私目的，横暴地冒称天皇的权威。他被当作试图延续"藩阀统治"的长州藩军人。反对党和新闻报纸纷纷攻击桂太郎。反对他的政治家、商人、知识分子和少数职业人士组织了一个"护宪"联盟，呼吁进行新一场民主化"维新"。大规模的民众集会出现，演说家高呼"打倒萨长集团""斩首桂太郎"。当桂太郎试图通过组建他自己的政党来反击对手时，甚至政友会也加入了对他的攻击。桂于 1913 年辞职，并在同年晚些时候病死。众议院就这样扳倒了一位首相。

原内阁，1918—1921 年

第二座里程碑是 1918 年的原内阁。原敬（1856—1921）出生的时代比明治开国元勋晚了一代，出生地则在政治上并不重要的东北地区。他的政治生涯从出任报纸记者开始。后来，他进入外务省，最终成为驻朝鲜的大使。之后他又退出外务省，先后做过报社编辑、银行职员、公司总裁以及国会议员。他协助伊藤博文组建政友会，并于 1914 年西园寺辞去总裁职位时接下大任。他是日本最有能力的政治家，明察秋毫、富有耐心、一丝不苟，带有家长式的作风。作为政友会的总裁，他为日本设定的目标集中在扩大国家财富和权力方面——这与伊藤或者

山县有朋　　　　　　　　　原敬

山县并没有什么大的不同。但他觉得，只有政党而非藩阀寡头才能实现这些目标，他不知疲倦地为本党权势的扩张而工作。

原掌握着政友会政客的内阁任命。他曾在三届内阁中担任内务大臣，并经常号召地方警察和官员协助政友会的选举活动。他建立了政友会的政党机器，使该党能够赢得选举，并保持国会中的多数党地位。关于竞选资金，原求助于工业家和其他金融界人士。为了赢得地方选民，他在国会推动政治分肥的立法。政友会的政客与地方名流建立了联系，后者负责组织好本地的选票。支持政友会候选人的地方选区修建起了新的学校、桥梁、水坝和道路。

作为首相，原敬通过一系列立法协助他的政党：他将投票的纳税资格从十日元降至三日元，使得大多数农村农民获得了

加藤高明

选举权。他划分小选区制，使得政友会这样的大型政党具有明显的优势 ①。他推动政治分肥——一些政友会的选举据点甚至连通了支线铁路。但与此同时，他对于社会问题态度保守：他反对不断高涨的工人运动，也没有尝试修正明治宪法的缺陷。他认为这毫无必要，因为宪法对政党政府并未构成任何障碍。

加藤内阁，1924—1926 年

第三座里程碑，是 1924 年至 1926 年的加藤内阁——战前

---

① 大选区或比例选区制度下，一选区产生多名议员，名额由各政党按照得票数的比例进行分配，因此小政党也有可能获得议席。而小选区制下，一选区产生一名议员，因此小政党的生存空间遭到挤压。——译者注

日本政党权势的顶峰。加藤高明（1860—1926）毕业于东京帝国大学，二十一岁时进入三菱集团，并与老板的女儿结婚。在留学英国后，他进入了外务省，四十岁时出任外务大臣。在日本这个讲究论资排辈的国家，他的崛起迅速。之后，他做过国会议员、报社社长、驻英大使以及第二大政党宪政会的总裁。直言不讳、冷酷而傲慢的加藤，即便不为人喜欢，也受到广泛的尊重。他是一位了解并鼓吹英国政府模式的亲英派。

天皇的代言人（在山县于1922年去世后，这些人就剩西园寺和其他前首相了）仍掌握着任命首相的权力。1922年至1924年期间，他们指名让一些无党派的人士上台。作为回应，众议院各政党参与了第二次护宪运动，反对这些首相。该运动的胜利结果便是1924年加藤高明的获选。加藤内阁通过了男子普选权，任命了更多学者进入贵族院，并将军事预算从1922年的百分之四十二削减到1925年的百分之二十九。他还制定了广泛的社会和劳动立法。实际上，他令温和的社会主义运动得以合法化，但同时设立《治安维持法》取缔主张革命的社会主义。在加藤于1926年去世后的六年间，首相总是由两大政党的总裁中的某一位出任。这是日本议会政府的时代，而非1890年的情况那样——那时，政府只是恰好将议会作为其机构之一（诚然，这并非是英国意义上的议会政府，因为国会中多数党的总裁并未自动成为首相）。在大多数日本人看来，政党在长期的权力斗争中已经取得了胜利。

军国主义与战争（1927—1945 年）

从 1890 年至 1926 年，政党一直是日本精英阶层中难以驾驭的部分。他们利用国会的立法和预算审批权力，迫使其他精英集团妥协，并提倡任命政党总裁为首相的惯例化。20 世纪 20 年代中期，议会政府的未来似乎相当稳固：经济增长，社会稳定，日本的国际地位稳定。但是从 20 世纪 30 年代开始，军队在极端民族主义者的煽动下成为新一批难以驾驭的精英。十年之内，各党派就丧失了早先的大部分成果。海陆军的高级将领取代了政党总裁出任首相，日本开始在亚洲扩张，并与德国和意大利结盟，1941 年时更与美国开战。这一切是怎么发生的呢？

陆军与海军

部分答案在于日本军队的性质。士兵并非武士。萨摩藩与长州藩的线膛枪队已经决定性地打破了这一传统，普遍征兵制更明确了这种断裂。但是从一开始，日本的军队就像是大社会中独立的小社会，拥有与大社会不同的原则。军队有自己的学校，那里教授给学生的是纪律、勇敢、忠诚和服从的价值观。

军人认为自己是日本传统的真正守护者，也是现代日本建国者的真正继承人。他们认为自身忠诚于天皇并关心所有日本人，与迎合特定利益的政党不可同日而语。

即便是在 20 世纪 20 年代的自由主义年月里，军队的宪法地位也没有改变。陆军大臣和海军大臣作为内阁成员，主要对首相负责，但海陆军参谋本部仍然直接对天皇负责，明治藩阀陆续离世，这意味着他们对自己以外的任何人都不负担责任。

20 世纪 20 年代，军人的地位下降。日本人不再记得 1900 年前后对中国和俄国取得的胜利。军事预算被削减。军人的职业声望低到军官在不值班的时候只穿便服。国防政策方面，1930 年伦敦海军会议上，温和派将领决定接受一个会削弱日本海军实力的方案，这令舰队方面感到不满。总体而言，军队中的不满情绪很高。

侵华危机

军国主义的另一个原因是国际秩序的变化。多边条约（1924 年华盛顿会议和 1930 年伦敦会议）取代了早期的双边条约体系（如英日同盟），承认第一次世界大战战胜国的现有殖民地，但反对新的殖民冒险。西方的缔约各国特别坚持"门户开放"政策，要求与中国进行贸易，而在他们的思维中，这一政策也适用于它对中国东北地区的侵占。由于日本通过听话的中国军阀维护其自身利益，因此严格来说，中国东北地区并不是殖民地。但是，日本在中国东北地区的特殊利益是用1905 年日俄战争十万人的生命换来的，它认为其对中国东北地区的要求与西方国家对殖民地的要求相同。

从 20 世纪 20 年代后期开始，国民党统一了中国，中国的民族主义也日益高涨。这威胁了日本的特殊地位。日军部队试图阻止国民党向北进军，并在中国东北地区的军阀表现出独立迹象时谋杀了他。面对这种威胁，东京的政党政府举棋不定；它希望保持现状，但现状正日益变得岌岌可危。军队认为中国东北地区是苏联与日本的朝鲜殖民地之间的缓冲区，不愿向中国人做出让步。因此，1931 年，驻守中国东北地区的日本军队策划了一场事变，侵占了中国东北地区，并于 1932 年宣布中国东北地区为独立国家。东京的政府承认了这次行动，尽管事先并没有得到他们的批准。当国际联盟——西方殖民国家的代言——谴责日本违反"门户开放"政策时，日本于 1933 年退出了国联。

大萧条

正如侵华危机使国际政治秩序中日本的地位受到质疑一样，全球经济大萧条也唤起了人们对国际经济秩序和日本国内财阀的质疑。左翼与右翼同时发起批判，谴责三井、三菱以及其他财大气粗的集团在普通民众饱受剥削与痛苦时仍在赚取暴利。在他们看来，资本主义的集团公司是"当权政党"的支持者，是民族主义高涨年代中的国际主义者。

日本农村受到大萧条的打击尤为严重。1926年至1931年间，农民的实际收入减少了三分之一。我们对日本经济萧条的印象主要来自东北地区，尽管不一定具有代表性。1931年的粮食歉收导致饥荒的爆发。孩童对着路过的火车乞讨，佃农为缓解饥饿，啃食松树皮或者野菜根，并且将女儿卖为妓女（事实上，大萧条之前被卖为妓女的女孩子人数更多，这并不符合人们的观感）。城市劳工也遭受了苦难。1929年至1931年间，日本出口产品的价值下降了百分之五十。如果工人的实际收入指数以1929年为100，1931年时则下降到了69。失业人口上升到三百万，迫使许多工人返回他们的村庄，并增加了农业经济的负担。只有拿工资的中产阶级过得比较宽裕——因为物价在下降。

如前所述，政府采取了有效措施应对经济萧条。到1936年时，日本的重工业在快速增长，农民已经恢复过来，工人的实际工资也在增加。但复苏来得太晚，对政党并无帮助；在大萧条最严重的几年中开始的政治变动到1936年时，已经不可逆转。

政治上的左翼和右翼都受到大萧条的刺激。政治左翼主要由社会主义温和派组成，他们在1928年赢得了八个国会席位，

1936 年赢得了十八个席位，1937 年赢得了三十七个席位。有工会会员和白领工人支持的他们，将在第二次世界大战后再次登场，并且力量更为强大。内部分裂的激进左翼则由 1922 年成立的日本共产党以及知识分子带领下的许多激进小党组成。虽然规模较小且受警察的镇压，但在二十世纪二三十年代，激进左翼在知识分子和文学界都颇具影响力。

极右翼与军队

第二次世界大战前日本的政治右翼很难界定。大多数日本人都热爱国家，被灌输了以天皇为中心的强烈民族主义。他们并不认为这种情绪与他们对中间派政党的支持有什么矛盾之处。在中间派政党那里，民族主义和某种自由主义是共存的。然而，20 世纪 30 年代，出现了一系列新的右翼组织，他们突破了民族主义的通常界限，试图挑战现状。有些是混合了天皇神圣性、神道教教义与儒家伦理的传统主义的意识形态。还有一些则支持革命的民族主义，鼓吹日本社会的"重建"。视纳粹德国为范例的官僚不在少数，他们力主政党政治家应当远离政府。"官僚可以更好地让政府运作，并为所有人的利益服务。"军官也拥有类似的论点，构想一个他们自己指挥下的"国防国家"。他们的计划是军事扩张并建立独裁的殖民帝国，将日本与不稳定的世界经济隔离。主张革命的右翼年轻军官鼓吹对议会联盟中的精英采取"直接行动",并号召发起第二次维新,实现天皇亲政。

正是这群人最终引发了政治危机。1932年5月15日,大约二十名海陆军青年军官率领部队袭击了政友会总部、日本银行以及东京警视厅,刺杀了首相犬养毅。袭击发生在右翼骚动的高潮期,同时也是大萧条的谷底。在这种情况下,西园寺公望作为天皇的代言,决定不再任命政党总裁出任新任首相,而是选择了一位温和派的海军大将。在当时看来,对危机的这一回应似乎平淡无奇,但在事后回顾,就显现出这一决定的举足轻重。在接下来的四年里,内阁虽然由温和派军人领导,但政党也一直参与其中。然而,这仍不过是权宜之计,之后的几任内阁既无法满足政党的要求,也无法满足激进派年轻军官的要求。

1936年和1937年期间,日本政治虽然受到左右潮流的交错冲击,但基本上是在继续向右翼倾斜。1936年2月的选举是自由派的胜利。作为宪政会继承者的民政党高呼"要议会政府还是法西斯主义"的口号,击败政友会,赢得了国会的控制权。然而,仅仅一周之后,当驻扎在东京的青年军官试图发动政变时,自由派的胜利就化为泡影。青年军官带领着一千四百名士兵,占领了国会,刺杀了数名内阁成员(尽管首相脱逃),并袭击了包括陆军部和参谋本部在内的政府部门。他们强烈要求由同情他们的军队长官出面组建新政府。但这一次,西园寺、天皇侧近以及军队高层立场坚定。他们调来其他部队，在三天内镇压了兵变。带头起事的军官被迅速审判并处决，同情他们的将领被迫退休。在赴刑场的路上，一名激进的年轻军官高呼"永远不要相信大日本帝国的军队"。这次政变是战前日本激进右翼采取的最后一次"直接行动"。负责肃清工作的军官都是意志坚定的技术官僚，他们在 20 世纪 20 年代预算削减期间一直主张日本军备的进一步现代化。其中就包括东条英机（1884—1948），他会在不久之后出任首相，带领日本迈入第二次世界大战。

镇压军队激进分子并不意味着军队干涉政治的结束。相反，军队比以往任何时候都更为强硬地干涉内阁的组建，极尽可能地阻止政党政治家或自由派官僚的入选。结果，从 1936 年起，温和的政党首相让位于更为猖狂的军国主义人物。

尽管如此，对军国主义的反对依然存在。在 1937 年的选举中，军人出身、极端强硬的首相呼喊"敬神尊皇"的政治口号，试图向昭和会这个纳粹性质的党派提供政府支持来赢得国会选举。但是昭和会在投票中表现糟糕，仅获得了四十个国会席位，而两大中间派政党政友会与民政党一共赢得了三百五十四个席位，两党联合起来反对政府。日本的普通百姓比他们的领导人更为头脑清醒。但中间派的胜利无足轻重，因为虽然政府在和平时期的统治不能没有国会，但在战时国会反对政府是不被允许的。而就在那一年夏天，日本发动七七事变。

大正维新之岚

20 世纪日本的激进右翼以其倡导暴力的直接行动而著称。民间的极端民族主义者早在 20 世纪 20 年代就已经喊出了对现有社会的批评，他们的声音触动了 20 世纪 30 年代的青年军官。以下出自朝日平吾的遗书，他于 1921 年暗杀了安田财阀的头目。他是神州义团的领袖。

如果以下行动得以执行并且实现了大正（日本在 1912 年至 1926 年间的年号）维新，那么谁将统治日本？激进左翼在日本也是在这段时期涌现的，朝日的计划与他们有多少相似之处？

我日本赤子有因过劳、不洁、营养不良而患肺病者，有因丈夫去世为养育爱子而卖淫者……有战时受汝等为国家之干城的煽动负伤残疾不得不乞讨卖药为生者，有因小罪不论风雨暑热皆拘在十字路口惊惧难安者。与此相反，高官显贵即便犯大罪也可左右法律而得豁免。令吾人祖先战死沙场、身遭兵火的大名位列华族骄奢淫逸，依靠吾人兄弟战死而做将军，官吏也将功劳归在自己名下，高傲地贩卖着忠君爱国的大义。若仔细思来，彼等新华族乃啜吸吾人之血的仇敌，大名华族乃夺去吾人祖先生命的仇敌……

……

见此檄文的世间青年志士啊！卿等有实行大正维新之天命，欲成之则需先行：

第一葬送奸富事。

第二粉碎既成政党事。

第三葬送显官贵族事。

第四实现普遍选举事。

第五撤废世袭华族世袭财产制事。

第六土地国有、救济小农事。

第七富有十万円以上者一切没收事。

第八大企业国营事。

第九兵役一年为期事。

应从此等事项入手。讨伐奸富最为急迫，以决死心行暗杀之外别无他法。

R. Tsunoda, W. T. de Bary, D. Keene, *Sources of the Japanese Tradition* (©1958 Columbia University Press), p. 768. Reprinted with the permission of the publisher.

走向珍珠港事件

从侵华战争爆发到日本偷袭珍珠港之间，有三次关键事件相连。第一个是 1938 年 1 月决定对南京的国民政府发起致命一击。战争自去年就已爆发，中日双方的军队在北京地区爆发了一场小规模冲突，战火在之后迅速蔓延。日本的军方领导人对是否继续行动意见不一。许多人认为，对日本在朝鲜和中国东北地区的利益构成唯一威胁的乃是苏联，在中国进行长期战争毫不必要而且十分愚蠢。但随着日军的推进，参谋本部的其他成员认为，停止战争的唯一方法就是迫使中国国民党丧失战斗的希望。这一派军人行动起来，指挥军队迅速占领了中国东部的大部分城市和铁路。但中国拒绝屈服，战争陷入僵局，直到 1945 年。

第二项关键决定是 1940 年 9 月与德国和意大利签署三国协约。日本长期以来一直仰慕德国，将德国的宪法、军队、大学和医疗系统视为模范。日本于 1936 年与德国达成《反共产国际协定》，反对国际共产主义运动。日本希望建立一个专门针对苏联的同盟。然而德国坚持认为任何同盟也必须针对美国和英国。日本不愿如此；特别是视美国太平洋舰队为威胁的海军并不希望冒着风险被拖入德国人的战争。1939 年 5 月至 9 月，苏联军队在在中国—苏联边境上的一场小型秘密战争中击败了日本军队。此后，国内情绪再次上升，支持与德国的结盟。不过，后来德国与苏联反倒签署一项互不侵犯条约，从而"背叛"了日本。作为回应，日本决定改善与美国的关系，但在美国坚持要它退出中国时却犹豫不决。到 1940 年春末，德国在欧洲取得的胜利——英国的垮台似乎迫在眉睫——再次令日本的军队领袖支持与德国联盟。

日本与德国和意大利签署三国条约，其目标有三：孤立美国，接管英国、法国和荷兰的东南亚殖民地，并通过德国的斡旋改善与苏联的关系。1941 年 4 月，日本与苏联签署了一项中立协议，最后一项目标得以达成。两个月后，德国在未咨询其盟友日本的情况下袭击了苏联。德国还要求日本从东部进攻苏联，加重了这第二次"背叛"的程度。日本作壁上观。当德国的进攻在莫斯科郊外停止时，日本决定尊重与苏联的中立条约并将焦点转向东南亚。该决定实际上标志着日本参与轴心国行动的结束。此后，它在亚洲进行自己的战争。但是，中立协议毕竟透露出日本与德国的联系，因此没有按照预期转移美国的批评，而是导致美国反对日本侵略中国的立场变得更加强硬。

最后一项致命的决定是与美国开战。1940 年 6 月，在德国击败法国后，日本军队开进法属印度支那北部。美国通过限制对日本的战略出口进行反击。当日本军队于 1941 年 7 月占领了法属印度支那南部时，美国全面禁止对日出口，这使日本的石油进口减少了百分之九十，并引发了储备危机。海军参谋本部警告说，石油储备只能维持两年，在那之后，海军将失去战斗能力。海军参谋本部要求占领石油储量丰富的荷兰东印度群岛，但也意识到美属菲律宾就在卧榻之侧，此时对东南亚的荷兰和英国殖民地发动打击太过危险。因此，海军主张对美国进行先发制人的打击。

对于在中国已经陷入困境的日本来说，与美国开战的决定是一场绝望的赌博。所有客观指标——钢铁生产量、石油、机床、重化学品和航运——都显示美国大大强于日本。然而，日本军队在 1940 年和 1941 年期间误读了美国孤立主义情绪的言论，并得出结论认为美国人无法忍受西太平洋地区的持久战。开战的决定将赌注押在了补给线更短的日本陆基空中力量以及自认强过美国生产力的意志力。在决定孤注一掷的那次御前会

日本偷袭珍珠港后，美军用小船抢救"西弗吉尼亚"号的船员。

议上，海军参谋长将与美国的战争比作实施危险的手术以挽救病人濒临死亡的生命。

太平洋战争

　　1941 年 12 月 7 日星期天早上，当身在华盛顿的日本代表正在讨论和平解决方案时，日本对美国在太平洋的主要海军基地——夏威夷的珍珠港——发动了空袭。第二天，美国向日本、德国和意大利宣战。三天后，德国和意大利向美国宣战。日本以航母运载飞机发动攻击，是一项出色的战术。美国太平洋舰队的大部分船只都被击沉，只有离港的航空母舰得以幸存。菲律宾的美国空军同样遭受了严重的打击。袭击在心理上刺激了美国公众：反战情绪在一夜之间消失。

虽然美国的潜在实力巨大，但它对战争准备不足。1940年起已经采取了征兵制，但军队规模很小，士兵经验不足，装备简陋。美国的工业也没有为战争做好准备。直到 1942 年中期，日本取得了令人震惊的胜利。它的部队迅速占领了关岛、威克岛和菲律宾，然后横扫东南亚。到 1942 年夏天，大日本帝国的势力范围从西阿留申群岛向南延伸到澳大利亚，从缅甸向东直到太平洋中部的吉尔伯特群岛。

战争的浪潮缓慢地变化。将美国的工业转为军工生产需要时间。首先击败德国的决定也拖慢了太平洋战争的步伐。在 1942 年 5 月于澳大利亚东北部进行的珊瑚海海战中，美日双方都遭受了同样的损失，但美国的船舶生产日益强盛，使得日本在一对一消耗中处于下风。一个月后，在中途岛战役中，美军的飞机摧毁了日本的四艘航空母舰——它们乃是日军舰队的核心。此后，日本转为守势。

日本最初对美国的袭击是期望能在千难万险之境中以一着险棋逃出生天。战争持续的时间越长，美国在工业生产和人力方面的优势就越大。从 1943 年开始，美军选择针对日军供应线沿线上战略分布着的主要基地和领地，发动了两次"跳

投降：日本领导人在美军战舰"密苏里"号上，1945年9月1日。

岛"战役。其中一场战役从所罗门群岛的瓜达尔卡纳尔岛开始
打响，向北跳跃到新几内亚和菲律宾。（麦克阿瑟将军的批评
者断言这是一场不必要的战役）另一场战役则向西穿过中央太
平洋，经吉尔伯特群岛、马歇尔群岛和加罗林群岛，到达马里
亚纳群岛以及硫黄岛。美军夺取了马里亚纳群岛的塞班岛和天
宁岛之后，就使日本落入了轰炸机的航程范围之内。接下来的
空袭摧毁了日本的城市，遭轰炸后的工业区只残存混凝土碎块
与扭曲的钢筋。军方支配下的日本政府仍拒绝投降。

面对日本死战的决心，美军制订了登陆日本本土的计划。
但他们预计，正面攻击带来的伤亡代价将是美国人无法接受

的，况且对日本方面甚至会造成更大的伤亡。在冲绳，防守方有超过百分之八十五的人死亡，美军则有超过四万九千一百人伤亡。其实大约五分之一发生在海上，因为神风敢死队的自杀式飞机撞沉了美军三十四艘舰船，另有三百六十八艘被击伤。就在此时，科学家向美国的领导人提供了一种选择：从战争初期起，一个将原子能用于军事用途的秘密计划就在进行之中。

1945年8月6日，一架美国轰炸机在广岛市投下一枚原子弹，造成二十万居民中的七万多人死亡。两天后，苏联向日本宣战并进入中国东北地区。次日，第二颗原子弹落在长崎。即使在这之后，政府领导人在决定国家政策的御前会议上依旧意见分歧：三人赞成投降，三人坚持继续战争。裕仁天皇（1901—1989）打破僵局，从而使日本接受了同盟国的投降条款。通过1945年8月15日的电台广播，天皇告诉日本的人民，日本已经输掉了战争，他们必须"忍所难忍"。这可能是裕仁一生中做过的唯一重要的决定。

现代日本

推翻德川幕府

1853—1854 年	佩里要求亲善条约并达成
1858 年	幕府签订通商条约
1861—1863 年	长州藩与萨摩藩调解
1866 年	长州藩击败幕府军队
1868 年	明治维新

国建建设

1868—1871 年	塑造新国家
1871—1873 年	岩仓使节团
1873—1878 年	自上而下的社会革命
1877—1878 年	萨摩藩叛乱
1881 年	承诺制宪
1889 年	明治宪法颁布
1890 年	第一届国会

帝国日本

1894—1895 年	甲午战争
1900 年	政友会成立
1904—1905 年	日俄战争
1910 年	吞并朝鲜

政党政府时代

1918 年	原敬出任首相
1925 年	加藤高明出任首相
1925 年	男子普选权通过

军国主义时代

1931 年	日本侵占中国东北
1937 年	侵华战争
1941 年	日本偷袭珍珠港
1945 年	日本投降

日本军国主义与德国纳粹

军国主义的日本与纳粹德国之间的比较极富启发性。这两个国家都是后进发展国，拥有精英阶层、学术官僚和强大的军事传统。两国都采取了家长式的家庭制度。两国的议会制度都不如英国、法国或美国那么根深蒂固。面对大萧条的影响，两国都通过领土扩张寻求解决方案，辩称自己仍是穷国。两国政府都对社会主义者及自由主义者施以先后的迫害。他们的军队、通信、学校和官僚机构达到了足以实施专制政权的现代化，但他们的价值观却不够现代或者说不够民主，无法抵抗反议会势力的崛起。

两国之间的差异也很有启发性。尽管日本受过良好教育的小撮精英与仅接受了中小学教育的其他人口之间存在鸿沟，尽管日本西化的城市与更传统的农村之间存在文化差异，但日本还是比德国更为同质化。日本不存在天主教—新教之间的分裂，也没有强大的容克阶级。日本的社会主义运动也不是政治权力的有力竞争者。两国在 20 世纪 30 年代的政治进程也不尽相同。统治德国的是议会。为了上台掌权，纳粹必须赢得大选。在这方面，他们要感谢大萧条和通货膨胀失控的结合。两者几乎摧毁了德国的中产阶级以及代表他们的中间路线政党。而在日本的宪法体系中，国会更为弱势。虽然政友会和民政党仍在赢得选举，他们对政府的控制依旧被军人夺走。他们之所以能在选举中保持强势，是因为日本没有受到通货膨胀的影响，大萧条也并未铲平中产阶级。

两国走向战争的过程也不相同。在德国，纳粹作为大众政党而崛起，建立极权主义政权，然后发动战争。纳粹党的权威一直持续到希特勒死在柏林的地下工事为止。在日本，并没有哪个大众政党或者单一领导集团持续控制着政府。另外，在日本，与其说是极权国家发动战争，不如说是战争造就了国家的极权主义。只有在战争行动爆发后，政府才得以实施对工业的控制，并开始进行强烈的"精神动员"，以至于即使是大学生也会被征召为自杀式飞行员（神风敢死队）。

盟军将东条英机这位在战争的大部分时间内担任首相并兼任陆相的陆军大将描绘为日本的希特勒。然而，当美军的飞机于1944年开始轰炸日本时，他被天皇侧近的政治元老撤去职位，取他而代之的几位首相一个比一个温和。军国主义时代以前的政府机器仍然在勉强运作。诚然，即便文人政府正在一步步筹划投降事宜，军方却继续诉诸战争。

历史视角下的现代日本

日本在 19 世纪中叶沦为"准殖民地"，受到条约体制的约束。这些条约限制了日本以关税保护其市场的能力，并赋予在日本的外国人治外法权。而短短四十年后，日本就成为侵占台湾和朝鲜的帝国主义国家。日本在帝国主义盛期的自我变革的能力可以从以下三个过程进行考察：先决条件、借鉴与同化。

发展的最初先决条件是德川时代晚期社会的思想与制度，它们为日本提供了接纳西方制度和思想的平台。日本有着诸多幸运的先决条件。到 1868 年时，本章开头列出的"德川资产"已经就位：稳定的地方社会、充满活力的市场经济、节俭与储蓄的道德、相对较高的识字率、某些自我民族意识以及一些受过兰学训练的学者。虽然不足以产生自发的本土现代化，但这些先决条件足以满足夏目漱石所称的"外来现代化"。在这些先决条件中，推翻古老政权、摧毁旧有的既得利益、建立强大的新兴政权的能力可能至关重要。同时代中国的正面与负面资产组合与日本并无不同，但中国缺乏推翻其古老政权然后重新出发的能力。

1868 年维新后，日本急切地借鉴西方的文明（在这方面，日本并非独一无二。欧洲较不发达的国家也向更先进的国家取经，世界其他国家也在尽可能地借鉴欧洲。这种拿来主义是普遍存在的）。这一过程在 19 世纪 70 年代特别显著。那时，与过去的突然决裂十分明显。明治政府的领导人建设电报、邮局、银行、海关、医院、新式警察、征兵制度以及拥有理工学科的大学。日本的思想家翻译亚当·斯密与斯宾塞，密尔与基佐，屠格涅夫与托尔斯泰，并详细讨论了他们的观点对日本的适用性。艺术家开始用油画创作，作家以维多利亚时代的原型为蓝本写作政治小说，学校教授西方的音乐和乐器。借鉴西方——以及近来更为西方做出贡献——的过程一直持续到现在，尽管步伐并非一成不变。

同化是借鉴与土著的融合，一个新旧事物同时变化的过程。西方引进的制度迅速被同化，为了发挥作用，它们必须如此。例如银行，尤其是那些与外国打交道的银行，很快就与它们的西方同行几乎毫无二致。而财阀，则随着它们的崛起，越来越像德式而非英美式的集团公司。其他文化形式的同化过程历时更久。19 世纪 80 年代的政治小说露骨地模仿西方的原型，书中"民权"英雄的英勇事迹令人难以相信是正常日本人的行为。然而到了 20 世纪前后，日本作家已经在创作具有现代心理深度同时又反映日本人情感真实的作品。夏目漱石的《心》就是这样的作品。在建筑方面，维多利亚风格的房屋、红砖邮局和花岗岩的银行反映了日本早期对西方风格的模仿；直到第二次世界大战结束后，日本保留下来的传统建筑之美才被转化为玻璃、钢筋与混凝土结构的建筑物。

这种模式的简单特点不应使我们对历史的复杂性视而不见。在历史的不同阶段中，内容既非固定，时间也不曾停滞。1853年佩里第一次来航时的各项先决条件到1868年明治维新时已经发生了改变。到1881年，推动持续西化的先决条件与1868年时又有所不同。彼得大帝在俄国与阿塔图尔克在土耳其都开始实施过雄心勃勃的西化工程，但事实证明两国的西化无法持久。相比之下，即使是在19世纪90年代或者20世纪30年代，当文化借鉴的步伐放缓时，日本也从未放弃对新技术的追求。

在与当今的发展中国家进行比较时，作为较早且较彻底地经历过这些阶段的国家，日本可以提供有益的基础。

思考

1. 为什么德川幕府会迅速崩溃？如果幕府能够继续掌权，日本历史的进程是否会完全不同？

2. 明治维新后，日本领导人采取了哪些措施来实现"富国强兵"的目标？日本的民众是如何回应的？经济增长是否基本上属于政府决策问题？

3. 一些关注 20 世纪 20 年代的历史学家会以积极的态度解读明治宪法。鉴于 20 世纪 30 年代发生的事情，其他人则从消极的角度加以看待。你同意哪种观点？为什么？

4. 造成 20 世纪 30 年代军国主义突然暴走的原因是什么？这如何导致了第二次世界大战？

第五章

当代日本

本章提纲

- 战后占领期与吉田茂，1945—1954 年
- 冷战与日本的转变，1955—1989 年
- 当下的历史：1990 年之后
- 历史视角下的日本未来

当代东京街头（Photo by 潇文 on Unsplash）

世界上没有一个国家像战后数十年中的日本那样变化如此之大、如此之快。日本拒绝了战时的军国主义，并欢迎议会民主制的重建。战后日本的选举政治充满活力和自由，并以法律维护着人权——尽管自 1955 年以来，一直是一党执政。自由的企业与某种程度上的国家指导相结合导致的经济增长与政治上的变革相适应。日本人在一生的岁月中，就从战争带来的苦难与贫穷一跃到欧洲水平的繁荣，他们的社会和文化也产生了类似的剧变。到了 20 世纪 80 年代，一种新的民族自信跃然于各个领域，人们感觉日本大概会成为世界上其他国家的榜样。

然而，自那以后，日本"体制"遭遇了两次挑战，暴露出从前不为人注意的软肋。首先是 20 世纪 90 年代初，经济泡沫破灭。世界的领导地位丧失，经济随后陷入低增长甚至无增长，日本罹患痼疾。在新世纪初经济略有复苏之后，日本又遭受了第二次打击。2007 年至 2008 年开始的世界经济衰退令日本损失严重。日本的出口水平下降，日本人也开始意识到他们的经济不是也不能与世界经济相隔绝。日本仍然是世界第二大经济体，拥有稳定的社会和庞大的人才储备，但经济衰退加剧了它所面临的其他问题的严重性。

战后占领期与吉田茂，1945—1954年

在战后最初的数年间，塑造日本的主要力量并非是美国的占领，而是日本社会自身的连续性。在艰难时局面前，日本人依旧坚忍勤奋，维持着家庭的稳定与社会秩序。教育、政治、企业和金融机构这些基础设施维持原样。这十年间基本都是由吉田茂出任首相，他代表着保守主义（但非军国主义）传统的延续，并愿意为了日本的未来而容纳变化。日本社会的连续性是战后改革的基础。改革之所以成功，既是因为改革是建设性的，也是因为日本人民已做好改革的准备。但必须强调，如果日本没有短暂地落入外国势力之手，有些改革毕竟不会发生。

美国占领

日本人预期占领将是严厉的报复。当他们发现占领十分仁慈时，就转向了积极的合作。正如一位学者所言，他们"拥抱了战败"[①]。日本人对军国主义的否认及对民主新思想的接受触动另一位学者将这个时代称为"日本的第二次开国"。战后的

---

① 指美国学者约翰·道尔，他的著作《拥抱战败》是研究占领时期日本史的经典作品。——译者注

最初十年间，变革的主要动力是占领当局，其目标是重建日本。

道格拉斯·麦克阿瑟将军（1880—1964）是驻日盟军总司令（SCAP，Supreme Commander of the Allied Powers）。他在东京的总部几乎全部由美国人组成。除了四国岛上的英联邦军队，美军就等于占领军。占领第一阶段的要务乃是非军事化与民主化。海外的平民和士兵被遣返日本，军队复员解散。极端民族主义组织解散，内务省被废除。警察权力下放，政治犯被释放。根据德国纽伦堡审判的模式，以"危害人类罪"起诉了战时的日本首脑。此外，另有二十一万名军官、商人、教师和公务员——战时日本的领导阶层——被免职。摧毁旧制度的彻底程度反映了占领军的如下观点，即日本社会受到封建主义与军国主义价值观的污染，同时日本的领导人参与了一场发动侵略战争的巨大阴谋。

作为民主化的一部分，盟军废除了神道的国教地位，鼓励工会活动，并且解散了财阀集团控制的公司。旧的教育制度迫使学生一入学就决定了未来属于精英还是大众路线，新的教育制度则改为单线制，使得接受进一步教育的选择始终敞开。最激进的事业是土地改革，地主的土地被征收并以极低的价格转售给了无地的佃农。具有讽刺意味的是，这一政策结果却制造出一个政治保守的小农阶级。

毋庸置疑，一些占领期改革只是加速了已经发生的变革，同时所有这些改革都依赖于日本官员的合作——忽而热情，忽

裕仁天皇和麦克阿瑟将军。两人于1945年在美国驻东京大使馆会面。麦克阿瑟认为天皇为日本的稳定做出了贡献，使占领工作变得更加容易。天皇则对能有所用表示高兴并为免于作为战争罪犯而被绞死的命运而欣慰。

而勉强。在战前和战政时期，日本的官僚群体一直十分强大，战争结束后也是如此，因为占领军实施的是间接统治。由于很少有美国人会说日语，因此 SCAP 向联络局（前外务省）发出英文命令，然后联络局再将这些命令转送至相应的日本政府部门（相反，在德国，盟军实施直接管理）。

日本的被占领

关于占领，前首相吉田茂提出了他的观点：

这是客观的评价吗，还是吉田试图证明自己在盟军占领中的作用？

非常遗憾，众所熟知的事实是，日本军队实施的占领管理，到处引发怨恨，导致强烈的对日憎恶感。然而必须说美国与日本者两个曾经的敌对国家之间，通过占领建立起来的大约七年的关系是现代史中值得大书特书的成功。

批评美国是一项权利，甚至美国人也是如此认为。但是，列举他们的错误并非是对他们占领日本的总结。（吉田茂《回想十年》的日文原本及中译本中，上述那段发言后并无本句。此处根据本书作者提供的英文补出。——译者注）

From *The Yoshida Memoirs*, Yoshida Shigeru. Heineman Books, p. 60. Copyright © 1961 by Shigeru and Kenichi Yoshida. First American Edition 1962. Reprinted by permission of Houghton Mifflin Company. All rights reserved.（中译引自徐英东，田葳译《回想十年》，北方文艺出版社，2019年。——译者注）

在占领期改革中，没有比新宪法颁布更重要的内容了。这部由麦克阿瑟最高司令部下属民政局匆忙起草的宪法于1947年通过，日本国会只对其做了一些微小改动。它在五个方面上彻底改变了日本的政体。

一、建立了一个英国式的议会政府，其中内阁为多数党或政党联盟所把持。这意味着与明治宪法分道扬镳，后者允许天皇本人或以他的名义行事的元老可以不顾国会意见任命首相。新宪法还增加了美国式的独立司法机构以及联邦性质的都道府县制，各都道府县的地方领袖由选举产生。

二、妇女获得了投票权。

三、生命权、自由权、追求幸福权、新闻自由权和自由集会权得到保障。新的权利如学术自由、集体谈判、婚姻中的性别平等以及健康与文化生活的最低标准也加入进来。

四、宪法第九条（即非战条款）规定，"日本国民……永远放弃以国权发动的战争"，永远不会维持"陆海空军"或"其他战争力量"。这一条款使日本成为世界上独一无二的国家——作为世界主要大国却没有相应的军事实力。

五、宪法将天皇定义为"日本国的象征……其地位以主权所在的全体日本国民的意志为依据"。

日本人民接受了新宪法，并以不加批判的热情欢迎民主。大多数人认为非战条款是未来和平的保证。虽然宪法并没有阻碍自卫队的建立，但它在军事开支方面确实起到了制约作

战后，在日本的第一次自由选举中，一名日本妇女背着儿子在东京进行投票，选出新的下议院。

用，半个世纪之后，军事开支稳定在日本国内生产总值的 1%。1946 年 1 月 1 日天皇发表讲话，放弃了所有关于天皇具有神性的主张。日本民众对此已经做好了接受的准备。在占领军的注视下，天皇带着国家象征的新身份，以得体的方式出巡日本各地。没有人在看到这个温和、疲惫、不善言辞的人物时，会猜想他就是神道教中的神明。到 20 世纪 60 年代后期，大多数（尽管不是全部）日本人已经开始对裕仁天皇怀有一种同情。他们认为，天皇与他们一起经历了战时和战后的艰辛，1989 年天皇的去世令他们感到悲伤。占领军当初如果废除天皇制是否更加明智这一点仍然是一个悬而未决的问题。在那时，占领军认为利用天皇会使占领日本的工作变得更加容易。

到 1947 年底，大部分计划中的改革已经完成。为了创造新生民主制度可以扎根并蓬勃发展的环境，占领军在其第二阶段强调经济复苏。它放弃了进一步拆解大企业的计划，鼓励日本政府抑制通货膨胀，并打击利用罢工达到政治目的的系工会。美国还向日本提供了二十亿美元的经济援助。

1950 年朝鲜战争的爆发标志着占领的第三阶段也是最后阶段的开始。全身心投入半岛战争的美国军队已经没有精力管理日本了。因此，日本的官僚开始指望内阁和国会做出政策决定。当 1952 年 4 月日本重新获得主权时，政策转变的影响在日本人的日常生活中几乎不可察觉。在签订和平条约的同一天，日本与美国签署了一项安全保障条约，该条约规定日本为

美国提供军事基地，同时美国承诺负责日本的防务。虽然受到
左翼的攻击，但《日美安全保障条约》仍将是日本进入 21 世
纪后延续最低限国防政策的基石。

关于"象征天皇制"的两种观点

日本战前以天皇为中心的意识形态中最暧昧的一面就是天皇
既是现代君主又是现人神（活着的神，祖先可以追溯到天照大神）
的双重性格。在第一段选文中，明治日本的产儿、前首相吉田茂基
本上接受战前的意识形态，但认为因为事实上天皇在第二次世界大
战之前行使的权力并不大，因此战后宪法实际上没有改变天皇的地
位。在第二段选文中，诺贝尔文学奖获得者大江健三郎是一位人文
主义、略有左翼倾向的小说家，认为天皇已经被剥夺了以前的权
威，但担心他的宗教地位会再次复兴。

吉田所谓的"自然而然地"是什么意思？而为什么大江又称战
前的天皇为"绝对的统治者"？

1

关于国体问题，我曾作如下答辩："日本的宪法可以说是从五
条誓约起步的，看看誓约的内容就知道，日本是民主国家。因此，
民主并非由新宪法首次引进，关于宪法和皇室之间的关系，皇室的
存在，就是自然产生于国民之中的国体本身之中，君民之间当然不
存在相互对立的关系：君民可谓一家人。国体并未因新宪法而有任
何改变。之所以使用象征字样是因为任何日本人的头脑中都有天皇
乃日本国之象征的思想。君臣一体即国家之形态，故用象征字样表
述之。倾听民众之声如睹无色之色，不疑于日本国民。"

日本的天皇制曾在太平洋战争失败后明显失去了社会和政治影响力，如今却又开始再次展现自己的力量，并且在某些方面已经恢复了大半——只有两点不同：第一，今天的日本人不会接受战前那种意识形态兼神学，不会认为天皇既是绝对的统治者又是活着的神明。然而，最近举办的皇室仪式是以如下方式完成的，即向我们强调天皇的血统可以追溯到一位神明；我在这里指的是与现任天皇登基相关的仪式以及与之伴随所谓大尝祭（Great Thanksgiving Service，大尝祭是日本天皇即位式的重要组成部分，一代天皇只有一次，特别隆重。在该祭祀仪式中，天皇要向神明献上新收获的谷物，祈求国家安宁、五谷丰登。——译者注）。这些仪式没有引起政府或人民的反对，事实上大多数日本人似乎都认为这一切是理所当然的。

1. *The Yoshida Memoirs*, Yoshida Shigeru. Copyright © 1961 Heineman Books, p. 139.（中译引自徐英东，田葳译《回想十年》，北方文艺出版社，2019 年。——译者注）

2. From "Speaking on Japanese Culture Before a Scandinavian Audience," *Japan, the Ambiguous and Myself*: *The Nobel Prize Speech and Other Lectures by Kenzaburō Ōe*. Published by Kodansha International, Ltd., 1995. Copyright © 1992 by Kenzaburō Ōe. All rights reserved. Reprinted by permission.

吉田茂与日本战后政策

追溯 1890 年至 1932 年间国会中政党权力的崛起，可以认为 1945 年时日本具有实施议会政治的可能性。不过，它也具有专制主义的可能性，包括各种导致军国主义兴起的因素。

战后初期数年间，选举情况渐渐稳定。1946 年的选举中，大多数众议院候选人都是政治新人，许多人更是独立参选。到1947 年大选时，战前的那些政党已经重新占领了选举，大多数候选人都有政党关系：

　　1937 年选举各党投票占比：民政党 36%　政友会35%　社会大众党 9%

　　1947 年选举各党投票占比：民主党 25%　自由党27%　日本社会党 26%

两大战前保守党派，民政党（最初名为同志会，曾改名为宪政会）和政友会，分别以民主党和自由党的身份重新登场。战前的社会大众党变身为日本社会党（JSP，Japanese Socialist Party）。许多人认为社会党是反对战时军国主义的，因此后者在选举中取得了惊人的战绩。作为一种战前政治的遗产，两大保守党之间竞争异常激烈，以至于 1947 年时民主党选择与社会党——而非具有共同的保守主义议题的自由党——组成联合政府。但联合政府并未获得成功。在随后的六年中，吉田茂（1878—1967）的自由党内阁上台掌权，直到 1954 年 12 月。

吉田茂在日本的战后政治家中卓尔不群。他出生于 1878年，被一位富有的横滨商人收养，过着"少爷"的生活。他就读于贵族中学，后又升入东京帝国大学法学部，毕业后进入外务省工作。他是一位保守的帝国维护者，以英国为其榜样。从这种亲英立场出发，他对日本在第一次世界大战期间对中国的要求、20世纪30年代的军国主义以及1936年与德国和意大利签订的反共产国际条约都加以了批评。他于1936年成为驻英大使，这是他战前生涯的巅峰。1939年，吉田茂退出官场。到了第二次世界大战的最后一年，吉田茂加入了一个试图与盟国求和的保守派团体。为此，他曾被军警短暂监禁——这后来反而成为他的幸运，因为这让他逃脱了战后对军国主义者的清除并再次开启新的政治生涯。他曾在担任过两届内阁的外务大臣，之后又出任自由党总裁，并在1946年至1947年间第一次当上首相。在短暂的社会党—民主党联合政府之后，1948年的选举中自由党的胜利又将他重新带回首相的宝座。

作为首相，吉田亲近商人，反对工会与共产党。虽然他对战后改革毫无热情，但依然尽职尽责的工作，称自己是"天皇的臣子"。民众的选举授权与占领军的支持给予了他强大的力量，以致他的统治风格如此专制，号称"一人吉田"。他经常自比明治早期的领导人——他们建立了一个新的日本，同时也保留了吉田观念中最好的传统价值观。

随着美国将注意力转向朝鲜战争，吉田的外交政策——或许可以称为美国政策——在1950年形成。他的目标是经济复苏与增长；他担心日本可能会被卷入冷战，并被迫将其贫乏的资源浪费在军事开支上。他认为，通过避免这种情况，日本可以通过外交赢得战争所失去的东西。自 1950 年 6 月起，美国特使约翰·福斯特·杜勒斯（John Foster Dulles）多次访问日本。他要求日本重新武装并成为美国的盟友，以换取和平条约与日本主权的恢复。为了确保日本的安全，吉田茂希望美日之间达成同盟。但是，基于日本经济虚弱以及宪法第九条非战条款的理由，他只同意进行象征性的重新武装。最后还是杜勒斯做了更多付出。1952 年生效的《日美安全保障条约》以美国在日本设立基地为条件，保证了日本的安全。日本还建立了一支仅限日本境内行动的小规模武装力量。1950 年，该部队被命名为警察预备队，1954 年起改名自卫队。

吉田茂关心经济增长的同时，SCAP 的政策也在 1948 年转向经济复苏。1947 年，日本的生产水平是战前的百分之三十七。为了遏制通货膨胀，SCAP 于 1949 年强迫日本政府采取政治上不受欢迎但经济上十分必要的紧缩计划。随后，在吉田茂称为"天赐"的朝鲜战争中，日本获得了四十亿美元的美国采购订单，刺激其制造业大幅发展。到 1955 年时，日本的生产水平已恢复至战前水平。从某种意义上说，"战后"已经结束。

冷战与日本的转变，1955—1989 年

美苏之间的"冷战"始于第二次世界大战后，并且作为两个截然不同的政治体系之间的对抗，持续进行了四十多年。在亚洲，1949 年共产党在中国取得胜利后，美国采取了"等待尘埃落定（let the dust settle）"的政策。然而，1950 年朝鲜战争爆发，美国随后改变了立场。1952 年与日本签署的安保条约是美国与环东亚各国之间的条约锁链的一环。美国成为这些国家的保护者，也是他们出口导向型增长的主要市场。

冷战在欧洲结束于 1989 年柏林墙的倒塌和 1991 年苏联的解体；而在亚洲，则很难明确给出结束的时间。虽然苏联已经变成了俄罗斯，但其他国家并没有发生类似的变化。共产党仍然在中国、朝鲜和越南执政。

冷战时期，没有哪个发达国家会像日本那样扮演如此微不足道的角色。从 20 世纪 60 年代到 80 年代，政府基本上延续了吉田茂创立的政策，重点关注经济增长，同时在安全方面依赖美国的保障，使得军事开支低于任何其他大国。一位日本前官僚表示，如果将冷战比作德川时代的阶级社会的话，美国和苏联就是武士，日本是商人，第三世界国家是农民。他还补充说，放弃更高的政治原则，坚持贸易事业的日本会做得十分出

色。另一位政治家则直言不讳地谈道："只要我们继续押注在盎格鲁撒克逊民族身上，我们就能保持至少二十年的安全。"

虽然日本在外交上被动，但冷战毕竟为其提供了稳定的发展框架。在美国的担保下，日本加入了关贸总协定和其他国际经济组织。尽管日本采取保护主义政策，但是 20 世纪 50 年代和 60 年代，美国市场还对日本出口持开放态度。反过来，日本在大多数外交政策领域支持美国。日本很少遵循独立的外交路线，只有与中东石油生产国的关系属于这种极罕见的例外。左翼和右翼都谴责政府没有自主的政策。而中道保守派的多数人则认为，经济增长本身就证明了政府的态度。

经济两位数增长

当 1955 年日本的经济恢复到战前水平后，人们预计未来的增长将会放缓。但是，与此相反，日本在之后的近二十年里以两位数的速度高歌猛进、继续增长。造船、机床、钢铁、重化学品、汽车、消费类电子产品和光学领域名列前茅。到 20 世纪 70 年代，索尼、丰田、精工、本田、佳能、日产和松下等品牌因其产品质量而闻名于世。虽然经常被称为"日本奇迹"，但这种发展应当更多地被视为国家政策全力倾斜的结果，这种政策总结起来就是："不惜任何代价的增长。"

一些简单的数字可以说明其规模。1955 年，日本的国民生产总值为两百四十亿美元，人均两百六十八美元；二十年后，这两个数字分别达到四千八百四十亿美元和四千三百二十美元。到 1989 年冷战结束时，则进一步上升为两万八千三百亿美元和两万三千零三十三美元。

增长可能是多种因素的共同作用：从战前继承的银行、市场与制造技术的基础，有利的国际形势——石油价格便宜、原材料和市场的获取也很容易。战后初期阶段，美国市场对日本出口的开放也发挥着特别重要的作用。美国的担保促使日本得以及早进入世界银行、国际货币基金组织和其他国际组织。接近 20% 的储蓄率支持着再投资。这既反映了日本崇尚节俭的文化价值观，也反映出养老金的不足，人们必须要存钱备用。

教育革命至关重要。大多数日本人的战前教育到初中便告结束，只有一小部分人升入大学。到 20 世纪 80 年代初，几乎所有的初中毕业生都进入了高中，一半的高中毕业生会继续接受高等教育。这一比例与欧洲先进国家持平。更具说服力的是，到 20 世纪 80 年代初，日本培养的工程师人数超过了美国，而且几乎所有工程师都在非军事性的生产部门中就业（相比之下，日本的律师总数大致相当于美国法学院一年的毕业生人数）。

人力资本的升级以及最优秀的人才被引导前往生产部门就职，使得日本能够利用美国在战争期间和之后发展起来的大量积压技术。美国将日本视为门生后进而非正经的竞争对手，因此将其科学和专业知识慷慨分享。事实证明，对于日本来说，购买技术或者拿到使用许可要比发明便宜得多。在进行"工程改进"之后，日本将其产品销往世界各地。1953年，索尼公司的前身以两万五千美元的价格从西部电气（Western Electric）手上买到了晶体管的许可。后来，另一家日本公司则购买了美国工程师研发的录像机技术。本来在美国以每台数千美元的价格将出售给电影制片厂的录像机，经过日本的重新设计之后，以数百美元一台的价格面向公众大量出售。

数量庞大的廉价熟练工也是日本经济快速发展的因素之一。战后婴儿潮导致1950年时人口达到八千三百万；到1990年则增加到一亿两千三百万。战争结束后，日本劳动力中有百分之四十七留在农业，但随着农业效率的提高，工业吸走了过剩的劳动力。2000年时，只有不到百分之五的人在田间耕作。20世纪50年代和60年代，劳动力的过剩使得工资保持在低水平。

工会组织并不是经济增长的妨碍。战后最初年代，日本的产业工人比美国更具备组织性，但劳工组织的基本组成单元是企业工会，而非行业工会。工会经常组织春季斗争，并在五一节高举红旗游行，但他们通常会煞费苦心地避免损害企业的生产。近几十年来，与美国和欧洲大部分地区一样，随着工作日益专业分工化，日本工会的力量也在下降。

日本政府协助企业分配外汇与特殊的折旧补贴。它为先进技术产业提供廉价贷款、补贴与国家实验室的研究成果。关税保护了这些行业，直到它们在国内地位无虞并能够在国外开展竞争。较低的国防预算和社会福利支出使得政府能够减少对企业的征税。大藏省与通商产业省鼓励日本银行支持私营银行为日本企业提供再融资。评论家谈论所谓"日本公司（Japan Inc.）"，这种将日本比喻为一家巨大公司的说法有些夸大其词。政府更多的是提供产业支持而非监管，不过企业之间的竞争仍然十分激烈。此外，政府规划者也会犯错误。例如，他们认为日本对于汽车产业而言市场太小，于是不提供任何支持。汽车产业无视政府的指导，自行前进。汽车产量从 1953 年的八千辆增加到 1970 年的三百万辆，再到 1990 年时的将近一千万辆。那时，日本已经成为世界上最大的汽车生产商。

好似涌出的泉水

二十世纪五六十年代，全国上下同心协力支持经济的增长。"赶超欧美"是商人、官僚和工人都接受的口号。九州北部一家轧钢厂的横幅上写着："让我们在质量和数量上领先世界。"20 世纪 60 年代，松下电器的工人和管理人员会高唱社歌迎接每一天工作，这在日本绝非个例。

这里存在一个悖论。一方面，战后这数十年间，日本的劳工高度工会化。五月劳动节那天，工人举着红旗游行；他们一般都投票支持社会主义。但另一方面，他们又强烈认同他们的企业。他们认

为他们的个人幸福与企业的命运紧密相关，他们很少许可干扰生产的罢工。这种相安无事能够持续很长时间吗？你能想象美国、英国或法国的工人聚集在一起，在每个工作日的开始齐唱下面这样的歌曲吗？

> 为了新日本的建设
> 让我们同心协力，
> 改良产品尽善尽美，
> 推销商品全球驰名，
> 生产绵绵不绝，
> 好似涌出的泉水，
> 产业奋兴、奋兴、奋兴！
> 和谐精诚，
> 松下电器！

（松下电器的社歌可查到的有三首，分别是《以爱与光与梦》（「愛と光と夢で」）、《日新月异》（「月日とともに」）、《未来梦想》（「この夢が未来」）。然而，这三首歌的歌词都没有与此段引文意思接近的部分。因此，本段引文只能暂时从原作者提供的英文转译，无法参考日文原本。——译者注）

到 1973 年，日本的经济已经"成熟"。两位数的增长率下降到百分之四，但仍然十分可观。一些有利因素仍持续存在，例如开放的世界市场和低国防支出。但也有一些因素发生了改变：随着劳动力的供不应求，人力成本上涨，工资提高；收入优渥的老员工数量增加。廉价劳动力的优势转到韩国、中国台湾和中国香港。石油输出国组织的形成抬高了石油价格。可用技术积累的减少导致研发成本增加。随着社会福利计划以及强硬但昂贵的反污染政策实施，政府的财政支出上涨。增长放缓改变了经济的构成：低技术制造业衰落，而制药、特种化学品、科学设备、计算机、机器人、汽车和各类服务行业开始发展。

贸易格局也发生了显著变化。1955 年到 1975 年，日本的出口额从两亿美元增加到五百六十亿美元，到 1990 年更增加到两千八百六十亿美元。这种贸易是良性的，因为与英国、法国或德国的状况不同，日本的出口只占其全国生产的一小部分，而且出口可以由进口平衡。缺乏天然资源的日本不得不进口大部分食品与原材料以及全部石油，因此这种贸易平衡的出现并不令人惊讶。但从 20 世纪 80 年代开始，巨额贸易顺差出现。特别是对美国这个日本最大的市场，日本每年的贸易顺差为四百亿美元至五百亿美元。美国人对日本产品的兴趣导致了这样的盈余，不过日本的保护主义也发挥了作用。

二十世纪六七十年代，世界认为日本虽是小国但表现良好，日本人也是如此看待自己的。但到了 20 世纪 80 年代，出现了一种日本是经济超级大国的新形象。一位美国社会学家创作了《日本第一》（*Japan as Number One*）一书，并在日本畅销一时。第三世界国家将日本视为模范的典范。经济学家们在新加坡谈论"亚洲经济发展模式"，它将市场经济与强有力的政府指导、高科技、教育和传统道德要素相结合。随着日元升值，生活水平达到欧洲水平，日本人的自信心也随之飙升。日本学者称赞日本是"信息社会"，达到了超越早期西方模式的文明新阶段。这反映了新民族主义思潮的涌动。

20 世纪 80 年代，一些人认为日本是资本主义世界中独一无二的案例。美国的杂志怀疑在日本受国家保护的自由企业制度面前是否有人能与之争锋。当美国政府官员抱怨贸易的不利平衡并要求"公平竞争"时，日本政府官员建议他们"先把自己的房子收拾好"。随着这种自信达到顶峰，一位著名的日本政客写了《日本可以说不》(*The Japan That Can Say No*) 一书。虽然他在标题里省略了"对美国说不"，但这层含义人人都明白。一位专栏作家，在《朝日新闻》上评论美国的毒品和犯罪时写道："看着美国突然失去其辉煌，就像看着从前的情人容颜不再。我只想闭上双眼，不忍看到这一切。"日本人自信他们的繁荣永远不会结束，于是公司股票和土地的价格提高到欧洲和美国水平的数倍以上。东京道指从 1985 年的不到 13000 飙升至四年后的近 39000，房地产的价格也出现了几乎同等程度的上涨。日元的价值在三年内翻了一番。

社会与文化

日本是一个复杂的现代社会，只用几个段落加以概述并非易事。城市化在加速：战争结束时几乎有一半的日本人住在农村，但到了 1989 年，大多数人居住在城市，东京—大阪一线聚集了全国几乎四分之一的人口。在城市中，人口从工作时间长、工资低、福利少的传统小产业转移到现代产业——工作时间更短、工资更高、福利更多，包括终身就业的保障。不过即便是在现代产业部门，兼职雇员与临时工仍然工资较低、福利较少。从制造业向服务业的转变也开始出现。

家庭也发生改变。在战前，祖父母、父母和子女三代人的大家庭被认为理想——尽管现实存在很大差异。到战后初期，父母与子女的核心家庭成为常态，大家庭则被认为属于过去。当夫妇离开农村前往新的行业工作时，他们的父母被留在了农村。到 20 世纪 60 年代后期，有两个孩子的家庭成为理想状态；到 2000 年，育龄妇女平均只有 1.3 个孩子。二十世纪五六十年代，公司和政府部门为他们的员工在城市远郊建造了巨大的公寓大楼。妻子们喜欢在那种住不下婆婆的小公寓里生活。二十世纪六七十年代，中高收入的家庭会购置城市里的大型公寓（日语称为"マンション"，也就是"mansion"）。只有富人才能买得起城市中的独栋房屋。随着生活水平的提高，电饭煲、洗衣机、烘干机、电视机、电脑和其他电子设备摆满了公寓。只是居住单元的狭小面积与房地产价格高不可攀限制了消费主义。

女性的地位和状况在上升。占领期改革赋予了女性投票权、法律平等地位与同等的家庭遗产继承权。女子大学获得了授予学位的权利，女生开始进入之前只招收男生的大学——包括八所前帝国大学。收入增加与较小的家庭规模使得父母能够负担得起所有子女的高等教育。到滑雪场或海滩约会或者男女结伴旅行变得司空见惯。包办婚姻急剧减少，恋爱婚姻成为常态。

大多数女性在完成学业后到结婚前外出工作，并且也不急于结婚。当子女年纪尚小时，她们通常离开职场留在家里，但许多人在孩子进入中学后便重返工作岗位。随着向核心家庭转变，妻子成为家庭中的权威，至少在她们的丈夫漫长的工作与通勤时间中是如此。全家出游在公园、神社和其他公共场所十分常见。离婚率缓慢上升反映了女性经济独立性的增强。作为时代的标志，办公室里的日本女员工有时会拒绝为男同事准备茶水，并且出现了越来越多与性骚扰相关的法律诉讼。尽管如此，日本的女权运动仍比西方逊色。国会以及商社与政府中的高级职位，很少有女性的身影，日本的女权主义者为此悲叹。

不断上升的教育水平带来社会的变革。前程好坏取决于教育。从幼儿园起，学生就面临着进入好学校的巨大压力。母亲经常比较子女的考试成绩。"教育妈妈"将她们上小学的子女送到课外辅导班学习。每个级别的升学都由考试决定，甚至那些为失败的考生重新参加大学入学考试而准备的众多补习班也需要考试才能进入。杂志文章经常感叹日本"考试社会"的过分，但政府很少采取措施补救它们。大多数学生意识到出人头地的压力换来的是自己的好前程，但仍有少数人公开反抗，阅读暴力和虐待狂漫画是他们中大多数人的全部反抗方式。

从积极的方面来说，战前那种隔绝了受过良好教育的精英与只有初中教育水平的大众的巨大差距消失了。因为几乎所有日本人，无论是富人还是穷人，至少都是高中毕业生，超过十分之九的人认为自己是"中产阶级"。这种意识加强了日本的议会民主，并促成了越来越多"独立候选人"的出现。它还为日本报纸、杂志和书籍的海量出版提供了市场。书店里摆放着各种各样的书籍：严肃小说、侦探故事、历史、诗歌、科幻小说、浪漫故事、食谱、外国作品的翻译以及关于滑雪、投资、自我提升与家庭自助维修的书籍。

在战前日本，与家庭、共同体和国家相比，个人的权利主张十分微弱。到了战后时期，经济繁荣带来了更大的个人自主。对工人的民意调查表明，他们希望工作更有意义，同时在工作之外拥有更大的独立空间。"小确幸"并没有取代恪尽职守，但也成为日常生活中的一份期待。

由于生活空间狭窄，咖啡馆自20世纪50年代越发具有社会重要性，今天仍然如此。许多咖啡馆都取了外国名字，"玫瑰人生"（La Vie en Rose）或"塞尚"（Cezanne）这样的法国名字备受欢迎。年轻人将富裕视为理所当然，并在麦当劳、星巴克或者同级别的日本餐厅与朋友会面。他们观看日本和美国的电视节目，美国、法国和意大利的电影以及日本的动漫（anime）。

俵万智1987年的畅销作品《沙拉纪念日》中的感性诗歌

反映了这个时代以自我为导向、文化国际化、非意识形态化的
个人主义。女主角交了个男朋友：

　　去有你等待的新宿

　　我在小田急线摇摇晃晃

　　这是我一个人的丝绸之路

　　偷偷穿上还有你香味的夹克

　　摆了一个詹姆斯·迪安①的招牌动作

　　二十岁的五月

　　觉得母性这两个字

　　就是一个抽象词而已

　　就像瓦伦西亚橙被压碎

　　变成带果粒的百分百果汁

　　周日早晨

　　我们去买面包和啤酒

---

　　①　ジェームス・ディーン（James Dean），20世纪50年代美国著名男
演员。曹曼中译本作詹姆斯·邦德，有误。

穿着便鞋肩并肩

与男朋友分手后，她再次独身一人。她是回老家还是留在
东京？

　　带着两种选择
　　把身体摆成"大"字形
　　左右对称的我

她回了趟家乡，但又回到了东京：

　　返程东京的早上
　　母亲更显苍老
　　像是应过完未来见不到的岁月

　　我像是出门买东西一样
　　说了一声："走啦！"
　　丢下母亲进了福井车站

　　在那里，她是一个独立的人
　　寻找单身公寓的邮筒时

已经摆出了一副东京的面孔 [1]

战后时期出现了严重的社会问题。不惜任何代价的增长导致了镉和汞中毒的悲惨事件。空气污染侵扰了所有主要城市。不过，在反对党抓住这个议题大做文章之前，政府通过了严格的新法律并加以执行。20世纪50年代后期，富士见桥——意思是"可以看到富士山的桥梁"——名不副实，但到了20世纪70年代初，人们再次可以在晴天望到富士山了。

在战后初期，社会福利计划非常有限甚至根本就不存在。对穷人、老人、病人、孤儿和精神疾病患者的照顾责任主要落在他们的家庭身上。在二十世纪七八十年代，福利计划不断发展，到80年代初，城市、都道府县以及国家层面都推行了综合福利计划。

对少数民族（也许只占人口的百分之二）的态度也有所改善。在战前那一百年间，北海道阿伊努人长期遭到蔑视与忽略，大部分人已经死亡或被多数民族吸收。在战后，幸存的数万人结成政治组织保护自身并开始探讨如何保持独立的文化认同。在政治左翼的支持下，他们获得了倾向性立法，他们的状况也有所改善。

---

[1] Tawara Machi（J.W. Carpenter trans.）, Salad Anniversary（1989）, pp. 89–90, 93, 143–144, 146–147, 156–158.（中译引自曹曼译《沙拉纪念日》，天津人民出版社，2018年。有个别修改。——译者注）

一个更大的问题是部落民（burakumin）——一个为社会所不容的群体。他们是德川时代的遗产，多数生活在西日本。尽管他们与其他日本人在体质层面没有区别，但一般人会回避与部落民通婚，正经的工作职位也不常对他们开放。在某些地区，父母会聘请侦探来追查子女未来配偶的家谱。虽然战后出身的一代人对部落民群体的偏见大幅减少，但问题依然存在。另一大问题则是生活在日本的九十万朝鲜人，他们大多来自日本侵占朝鲜时期的朝鲜。最初他们内部存在分裂：一些人心向朝鲜，一些人心向韩国，双方冲突不断。到了 20 世纪 80 年代，大多数朝鲜裔后代在日本出生并接受教育，有些人甚至只讲日语。自 1985 年通过相关法律以来，约有三分之一的朝鲜裔居民成为日本公民，其他大部分人也都是永久居民。同化正在发生，但速度缓慢。朝鲜裔与日本人通婚并不少见。总的来说，他们的地位有所提高，但仍有人会遭受社会和职业偏见。

政治：一又二分之一政党制

1955 年至 1993 年间的日本政治被称为"一又二分之一政党制"。一党指的是自由民主党（LDP），由两个保守政党于 1955 年合并而来并且一直在台上掌权。剩下所谓的"二分之一"个政党，就是日本社会党（JSP），因为它一直在野，未曾取得过政权。社会党的左翼和右翼在 1951 年时分裂成两个党，但在 1955 年又重回一体。

一党统治通常与代议制政府无关。日本居然可以三十八年连续如此，这意味着什么？自民党的权力是靠赢得选举来保持的；而选举是公开、公平、有序的，并且以激烈的竞选活动为标志。在战后的最初数年里，保守党在大选中的实力仅仅局限在战前选区的延续：社区、地方名流、县议员和国会政治家之间的关系网络，以及他们与商人和官僚之间的联系。从 20 世纪 60 年代开始，在公众心目中，自民党被确认为是通过与美国的密切关系重建日本并维护日本安全的政党。人们广泛认为自民党是能力的政党。尽管自民党与企业之间不断勾结、定期爆出丑闻、广大选民对政治家也不信任，但它仍然历经一次次选举始终大权在握。单一政党在如此长的时期独揽政权决定了政府政策具有不寻常的连续性。

在日本的环境中，"保守"的含义与它在西方的含义有相同的部分：自民党亲商、反共、反对通货膨胀，比起反对党更倾向于维护传统价值观。但自民党与美国的共和党有很大不同。针对日本的农业和新兴尖端产业，自民党持保护主义态度；它赞成对经济施行官僚指导；它甚至从未考虑过允许平民拥有枪支或者修订有关堕胎的宽松法律。

从更大的格局来看自民党的霸权，有几个趋势值得注意。

第一个趋势，从 1955 年到 1960 年，日本政治以意识形态冲突为标志。自民党的领袖都是战时的大人物，他们在战争结束后被开除公职，但很快又回到了政治岗位。他们高调修改了数项战后改革，再次集中了警察的权力，加强了中央政府对教育的控制，甚至考虑修改宪法。信奉马克思主义的社会党人——其中许多人在战争期间受到过迫害——领导着反对党。社会党人将自民党的统治称为"多数人的暴政"，因为立法经常以"匆匆表决"（snap votes）的形式通过。他们还警告社会要小心威权主义的复兴。国会会期以对抗、敌意与偶尔的暴力行为为标志。1960年后，对抗开始减弱。不太关心过去宿怨的新一代领导人站在了一线。自民党的新首相采取了"低姿态"，放弃有争议的政治问题，并制订了一项计划，要在十年内将国民收入翻一番。随后是一个更加和平的时代，随着二十世纪七八十年代的繁荣发展，意识形态对抗进一步下降。社会党内部的革命左翼声势变弱，自民党内的传统主义右翼也是一样。自民党开始在向国会提交新法案之前征求反对党的意见并得到他们的支持，于是两党间出现了许多共识。

第二个趋势是自民党的民众投票率从1955年的百分之六十三点二稳步下降到1963年的百分之五十四点七，再到1976年的百分之四十二点七。这种下降反映了日本经济的增长：农民、渔民、小店主与个体经营者这些传统上投票支持自民党的人群在人口占比中缩小，而那些倾向于投票支持社会党的工会工人和白领阶层增加了。到20世纪70年代中期，保守党面临着不久之后只能以联合执政的方式维持权力的可能。政治评论员谈论"政治对等时代"即将到来。但在 1979 年，自民党民众投票率在经过二十年稳步下降后止住了脚步。一些白领阶层与工会工人中收入较高的精英开始投票支持自民党。此外，劳动力的工会组织程度从 1950 年的高达百分之四十六，下降到 20 世纪 80 年代的百分之二十三。在接下来的十四年里，自民党在强大的众议院中享有稳定的多数席位——尽管在参议院有时并非如此，依旧大权在握。

第三个趋势，即使只有不到一半的民众投票，自民党仍然屹立不倒，因为反对派支离破碎。1960 年，社会党内的非马克思主义派脱离了社会党，另行组织了与之竞争的民主社会党。创价学会是日本佛教日莲宗的一支，据说其信徒达到日本人口的十分之一。该教派于 1964 年创建了公明党。日本共产党在朝鲜战争期间过于激进以致失去了选票；之后，它摆脱了苏联并将自身打造为一个维护日本民族利益的政党：二十世纪七八十年代，共产党获得了近百分之十的民众投票。这几大反对党相互竞争，同时又都反对自民党。由于日本实行小选区制，反对党投票的分散导致自民党候选人受益，使该党能够将对国会的控制维持到 20 世纪 90 年代初。

当下的历史：1990 年之后

20 世纪接近尾声，新的世纪开始，日本战后数十年的出色表现开始走向黯淡：经济下滑，政治领导力虚弱，全新的严重社会问题出现。我们该怎么做，日本人躬身自问。

经济

日本近代历史的一个关键是经济。自 1990 年以来，日本经济曾两次受到挑战，一次来自内部，一次来自外部，每次都暴露出其自身的弱点。这些弱点是日本特有的吗？还是说欧洲和北美其他成熟经济体也是如此？

第一次挑战是日本泡沫经济的崩溃。日本人将房地产和公司股票的价格提升到不切实际的高度，使人陶醉在实现"经济奇迹"的骄傲和自信之中。然而，在 1989 年至 1992 年之间，土地价格下跌，同时股价暴跌至其原值的三分之一左右。拥有股票或以天价购买了房产的日本人感到自己变成了穷人。发放住房或保证金贷款的银行背负了价值数十亿美元的不良贷款。银行和个人都削减了开支，进一步导致经济放缓。许多小公司和部分大公司破产；其余的则被迫重组，削减研究预算、裁减人员或者变相催促员工提前退休。公司也更少招聘大学新毕业生。失业率从不到 2% 上升到超过 4%——这个数字在欧洲可能属于低水平，但在日本则被认为偏高——而且隐性失业率更高出一截。1997 年开始的泛亚洲经济衰退更进一步加剧了这些问题。

政策的糟糕也加剧了这一问题。保守的自民党政府臆断体制依然健全，试图通过"创造工作机会"的公共工程项目来摆脱经济衰退。这些项目为地方人口提供了工作，但造价高昂且对未来的增长贡献很小。因此造成国债飙升。随着政府推高需求，对未来感到不确定的消费者削减开支并增加储蓄。经济停滞不前，国债飙升。市势疲弱甚至经济毫无增长的情况持续到新世纪初。

第二次打击出现在 2007 年至 2009 年。当时，即将从之前的困境中恢复过来的日本经济，再次受到全球经济衰退的打击。经济衰退以美国的房地产泡沫为开始，这与日本之前的泡沫经济并非完全不同。日本的市场已经通货紧缩，但是日元价值的稳步上升导致出口急剧下降，使得日本经济在 2008 年出现创纪录的萎缩。为了解决这个问题，政府几乎将利率降为零，并再次提高投资力度以刺激经济。到 2009 年底，国民总债务估计将增加到国内生产总值的 217%（见图 5-1）。只有津巴布韦比日本更高；美国、法国和德国都在 60% 的范围之内。日本持有的巨额外汇储备仅部分抵消了债务。再一次，大规模破产发生，派遣社员遭到解雇，大学毕业生招聘规模缩小。2009

年中的缓慢复苏并没有驱散日本普遍存在的悲观情绪。

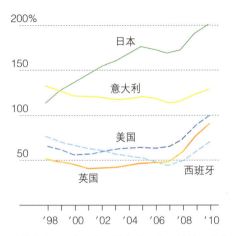

政府总债务相当于GDP的百分比

图 5-1　上升的债务　日本政府的债务水平高于其他工业化国家。(*Source*: *The New York Times*, October 21, 2009. Data from the Organization of Economic Cooperation and Development.)

　　然而，经济的长期停滞不能使我们无视潜在的优势。电子企业产量提高，汽车制造商争夺更大的市场份额。日本在对美贸易中继续享受巨额盈余——2008 年超过 740 亿美元，即便当时经济发展缓慢。日本的外汇储备居世界第二。它的劳动力虽然成本高昂，但都受过良好教育、遵守纪律、技术熟练，企业普遍具有管理技巧。一些制造技术甚至可以出口国外：日产在田纳西州的工厂组装一辆汽车只需 17.37 小时，而在通用汽车的工厂则平均需要 26.75 小时。政府和私营公司向未来产业投入巨资，如飞机、电子、机器人、医疗器械、平板显示器、纳米技术、材料技术和生物技术。20世纪90年代，东京大学为新兴科学和工程学建造的大楼使法律、文学、经济和教育学院战前修建的低矮砖楼相形见绌。在许多方面，日本经济的基础设施依旧状态良好。

日本经济的经济权重仍然很大。日本的国内生产总值为4.924万亿美元，而法国和德国加起来的总产值才为5.046万亿美元（见图5–2）。它的人均收入为34000美元，略低于德国的35000美元，略高于法国的33000美元。2009年时，它是世界第二大经济体。随着中国的发展，到2010年它可能会落入第三位。

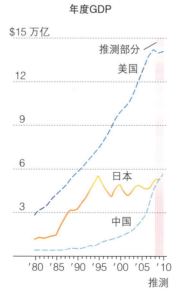

图5–2 年度国内生产总值（*Source：The New York Times*，October 1, 2009. Data from the International Monetary Fund.）

但是，日本的人均收入仍然是中国的五倍以上——甚至十倍，如果在昂贵的日元与便宜的人民币之间不作校正的话（见图 5-3）。

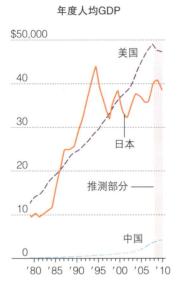

年度人均GDP

图 5-3　人均国内生产总值（Source：The New York Times，October 1，2009. Data from the International Monetary Fund.）

社会与文化

战后日本变革的三大矢量是占领期改革、教育扩招与经济增长。鉴于这些因素的强烈程度，社会中应当出现深刻的错位。在边缘地带，这样的情况确实发生了：农村居民迁移到城市时经常有漂泊不定之感。有时，他们加入创价协会或其他新宗教来恢复他们失去的人际联系。1995 年，一个预言世界末日的教派脱离常规，在东京地铁中释放神经毒气，日本人对这种"非日本人"的行为感到震惊（实际上，在日本，意识形态小群体经常像压力锅一样最终爆发直接行动，20 世纪 30 年代的下级军官集团或者 20 世纪 60 年代大学里的赤军派学生）。最近，大城市中越来越多的无家可归者与不断增加的中年失业者是社会弊病的明显反映。

但是政府机关、工场、学校和家庭吸收压力并为个人提供支持的能力也令人印象深刻。覆盖超过一半劳动力的"终身就业制"只受到"泡沫崩溃"的轻微影响，给予正式工人和受薪雇员一种安全感。临时工和兼职打工者仍然没有受到保护。生活在狭窄公寓中的成年子女没有房间留给父母居住，但是公共和私人的老人住宅在增加，大城市中的社区中心也在增加。退休者可以在那里参加有氧操课程或者在温水游泳池中游泳。大城市相当安全，违禁药物问题并不严重，犯罪率仍然很低。禁止持枪带来的社会安全程度可想而知。在日本，每十万人中只有 37 人在狱中坐牢；在美国，这个数字是 519。家庭情况良好：离婚率是美国的一半，而如果民意调查可信的话，日本妻子比美国妻子安全感更强。日本人结婚较晚、生育率也较低。日本婴儿的死亡率是世界上最低的，同时日本人的寿命达到 82.6 岁为世界之最。未婚母亲所生子女占日本总数的 1.1%，美国则达到 30.1%。

日本的报纸和杂志经常对学校中的霸凌行为和青少年犯罪

的增加感到哀叹。一位社论作家发明了"愤怒的十七岁"① 这一短语。有些政治家和家长指责学校应当为此失败的教育负责任，并要求恢复第二次世界大战后被禁止的"道德教育"。教师则回答道德标准的教授应该在家中进行，并且与一位民族主义的东京都知事意见一致，后者将青少年的错误归咎于"父母自我中心的生活方式"。全国性报纸的存在也扩展了事件的关注度。《朝日新闻》会报道各地发生的严重霸凌或犯罪事件。而《芝加哥论坛报》则很少报道其他城市的犯罪新闻。

教育是日本媒体的常见话题。有些经济学家认为，日本步调一致的中小学教育能够满足大规模流水线生产的需要，但它是否能够产生新的"信息时代"所需的个性和创造力则值得怀疑。他们问道：日本是否会诞生自己的比尔·盖茨呢？不过也有人回应指出，日本企业在工程方面表现出了不同寻常的创造力：索尼的特丽珑（Trinitron）电视显像管、随身听（Walkman）、激光唱片（CD）和 Vaio 笔记本电脑，以及丰田的汽车设计。他们坚持认为，日本需要的不仅仅是学校教育改革，为获得风险资本，银行业也必须改革。

人口老龄化通常被视为日本最严重的社会问题。1980 年，每个退休者对应五名在职者；到 2010 年，则下降到 1 ：2，未

---

① 日语应为キレる 17 歳，最初源于 2000 年前后发生的多起凶案，罪犯都为十七岁左右的少年，因此社会中兴起了这一说法。——译者注

来还会更低。企业养老金储备不足，私人储蓄往往难堪大用，政府和公共养老金（在日本相当于社会保险）加重了政府的赤字。杂志文章经常讨论如何支援老年人以及六十岁以上的庞大人群在选举中会如何投票。这个问题并非日本独有。在所有发达国家中，生育率和死亡率都由高变低。但战时人口的损失与战后婴儿潮的出现极大扭曲了日本的年龄分布。与之相比，意大利和德国的扭曲程度略轻。

较低的生育率是一个机遇，对于拥挤的日本而言，较少的人口会让那里更加宜居。为了弥补劳动力短缺的问题，日本大概会提高退休年龄，推后养老金的发放，并开发无业中年妇女的人力资源。然而具有讽刺意味的是，在目前经济停滞不前的情况下，毕业生面临着找工作的难题，公司人员过剩，而来自巴西的移民工人遭到遣返。眼前的问题是工作职位太少，而非劳动力太少。

日本的艺术丰富多样、几乎无法描述。传统艺术——诗歌、绘画、陶艺、茶道、插花、歌舞伎和能剧——蓬勃发展。这些艺术大师创作出极具美感的作品，并经常被誉为"人间国宝"。对美的欣赏使得汽车制造厂的工人也会在他主管的机器人中间摆上一支花瓶，插上一支鲜花。然而，有些人认为这些艺术失去了原有的精神并变得僵化。他们认为，茶道和花道学校是上流社会的文凭工厂，为经营这些学校的家族带来巨额收入。

日本的建筑和花园原先使用天然材料呈现传统风格的简单美感，如今则转而使用现代形式和技术再现同一种美感。少即是多。外国建筑师为了钻研涌向日本，日本的建筑师的客户遍布全球。与此同时，随意的规划，恣意生长的建筑以及过多的汽车已经摧毁了日本城市的大部分往昔魅力。即使是集美之大成的京都也充满着怪模怪样的房屋混搭着丑陋的混凝土建筑，电视天线和纠结在一处的电线占据了天空。小寺庙和小神社——唯一算得上公园的地方，兼作幼儿园和停车场，并且加上自动售货机才算圆满。著名寺庙既是日常生活的一部分，也是旅游景点。金阁寺外的道路上行驶着数十趟公交汽车。

不过，没有人会否认文学、戏剧、电影、绘画和舞蹈的活力，这些领域延续了战前生机勃勃的实验，并加入了全新的混合形式。在黑泽明的《罗生门》或《七武士》等战后电影中如此明显的自然意识延续进了日本国家电视台的电视剧。伊丹十三的《蒲公英》和《女税务官》以及周防正行的《谈谈情跳跳舞》将另类的幽默、辛辣的讽刺和对人类境况的评说相结合。大城市里的交响乐团演奏莫扎特和斯特拉文斯基，也演奏武满彻为日本的笛与筝谱写的令人难以忘怀的原创乐章。服装设计师在东京、纽约和巴黎各地一较高下。大学生组织摇滚乐队，听爵士乐，阅读日本科幻小说以及严肃小说家的著作。动画和漫画茁壮成长——anime 和 manga 这两个词如今在世界各地通用。巴黎和法兰克福的书店有专门的区域贩卖漫画的翻译本。

日本漫画书《蜡笔小新》。日本的每类人群都有属于自己的专门漫画，无论是儿童、少男、少女，还是成年人。

政治的新时代

与民意调查相比，大选是更好的全国民情风向标。20世纪90年代，日本政治发生重大转变。四十年来，日本社会党一直是主要的反对党，是一又二分之一政党制中那二分之一个政党。社会党从未上台执政，因为它从未获得大多数日本人的信任，但它意志坚定地站在反对立场，为日本的政治增添了意识形态色彩。从1993年至1996年的三年间，社会党崩溃。1993年大选中，社会党在下议院的议席从一百三十六席减少到七十席。就国内情况而言，社会党虚弱的原因在于期最坚定的支持者——工会成员——数量下降，以及日本选民越来越相信社会党政治家对他们经济衰退的国家几乎没有贡献。1994年，式微的社会党人在野数十年后是如此渴望获得权力，以致放弃原则加入了自民党的联合政府。到1996年大选时，由于社会党放弃了原则，在四百八十个总席位中选民们只送给他们二十六席（到2005年，更下降到七席）。他们实际上已经成为一个"小党"。

左翼的崩溃开启了多党竞争下的保守政治新时代。自民党仍然是最大的政党，但现在反对派则是一些保守的小党派。政治学家预测，两党制时代即将到来，因为在意识形态和政策方面，自民党与其反对派几乎没有分别。1993年至1994年期间，反对党组成的联盟曾短暂驱逐了自民党并组建了联合政府，这似乎证实了上述推断。大量选票投给反对党是对经济停滞不前的普遍反映。

但是后来出现了一件怪事。自民党于1996年大选中强势反弹并在之后十三年内连续执政。日本民众重新开始支持那个"知道如何把事情做好"的政党。某些自民党领导人成为社会红人并在位多年——其中特别突出的是从2001年到2006年一直担任首相的小泉纯一郎，特立独行又富有魅力；其他人则不容易被人们记住，他们的首相任期都只有一年。一般而言，自民党领导人在地方政治机器中拥有坚实的基础。像其他国会议员一样，他们往往是国会议员的儿子或孙子。他们奉行有利于其选民的政策：农民、大企业、小店主、医生和牙医协会、土木公司等。无实际作用的大型公共工程项目保持了就业率，但国家飙升的债务也因此更为恶化。

自民党几乎不间断的统治在2009年9月的大选中结束，它在国会下议院的席位从二百九十三席下降到一百一十九席。这大概是战后历史的转折点。在下议院四百八十个席位中占有三百零八席的胜利者是日本民主党（Democratic Party of Japan），于十一年前的1998年由一群反对党联合在一起组建。民主党的压倒性胜利部分是因为日本社会的情绪波动，国民们认为应当适可而止了。飙升的国家债务、失业、照顾特殊群体利益的政治分肥以及官僚、政府和大企业之间的紧密关系被视为违背了国民的利益。这次大选也反映了自民党的政治基础遭到侵蚀。面对充满问题的未来，选民视自民党为明日黄花并加以拒绝。

民主党总裁兼日本新首相鸠山由纪夫[①]拥有出色的履历：他是一位战后初期首相的孙子，东京大学的毕业生，拥有斯坦福大学的工程学博士学位，并且曾经担任过管理学教授与自民党议员。坐拥 42.4% 选票（与之相比，自民党是 26.7%）的他被选民授予了变革的权力。他的竞选承诺是：对有孩子的家庭提供大量补贴，由政党而非官僚制定政策，取消高速公路收费，减少温室气体排放，改善日本与亚洲邻国特别是中国的关系，并寻求日美平等关系。然而，民主党作为执政党将如何运作仍不清楚。在政府设法解决税收、国债和出口导向型经济等问题的过程中，民粹式的竞选承诺可能会逐渐动摇。民主党将会一直掌权到 2013 年大选。该党最初由各种反对团体——包括前社会党人——组成，为的是与自民党对抗。要将这许多小团体熔铸为一个能够实行强大计划的团结政党，它必须克服重重艰难险阻。另外，目前还不清楚自民党在成为在野反对党后将如何处理这个它尚不习惯的角色：它会坚持过时的政策，还是转向新的现实主义？

---

① 原文误记为鸠山一郎，但鸠山一郎是下文提及的那位战后初期的首相，也是鸠山由纪夫的祖父。——译者注

国际关系

日本是联合国成员国：它为联合国经费做出了巨大贡献，提供部队参与维和使命，与世界各国进行贸易，并将世界和平视为这种贸易的必要条件。尽管历史上的怨恨难以抚平，日本毕竟是东亚国家，与该地域其他国家的关系日益加强。日本也是美国的盟友：除去英国，美国人认为日本是他们最亲密的盟友。

《日美安保条约》的历史根源可以追溯到战后占领时期，但因为东亚的地缘政治环境，该条约一直延续到现在：日本经济富有，但军事虚弱，并且邻近中国与俄国这样的核大国。日本感到它需要一面盾牌，或者如通常所言，一把"核保护伞"。历届首相，包括最近的几位都表示，与美国的《安保条约》是日本外交政策的基础。这从来都不是一个对等同盟：日本战后宪法第九条限制了日本所能做出的贡献，日本永远放弃"以国权发动的战争"。数十年来，这意味着美国提供安全保障，而日本几乎无所作为。近来，日本开始以小规模的方式提供协助——为伊拉克的战争拨款，并为美国及其他国家船只补给燃料。日本自卫队与美国军队之间的合作也越来越密切。两国之间本就丰富的经济与文化联系继续在增长。最后，日本与美国的贸易平衡问题也值得注目：2008 年，日本向其最大的出口市场美国输出了价值一千三百九十亿美元的商品，并进口了六百五十亿美元的商品。

自战后初期以来，日本与韩国以及中国的关系稳步改善。日本电视台播放韩国的家庭剧，而韩国则播出日本的动漫与电视节目。不过，虽然战争带来的仇视已经在流失，但隔阂的堤坝并没有被冲垮。在欧洲，法国和德国两家世仇如今以东亚国家难以想象的方式密切合作。日本首相连续参拜供奉着战争首脑灵位的靖国神社，不必要地加剧了东亚各国对日本的敌意。将改善中日关系作为竞选纲领的鸠山首相誓言不再参拜靖国神社。日本人的感情很复杂：他们意识到中华文明是日本文化遗产的一部分；他们既钦佩又忧虑中国的经济增长；他们已经习惯了购买廉价的中国商品；他们对中国快速的军事建设感到担忧；他们欢迎中国在遏制朝鲜威胁上的协助……

与这些具体的政治问题背道而驰的是各国经济相互依存程度的显著增加以及东亚上升为世界经济中最具活力的地区。不断扩大的贸易网络令中国、韩国、新加坡和越南都与日本联结在一起。日本与中国的贸易总额——2008 年时达到出口 1240 亿美元、进口 1420 亿美元的规模——大于其与美国的贸易总额。当今的日本是中国高科技的主要来源地，也是韩国出口导向型经济中许多至关重要的电子元件的来源地。即使在激烈批评日本在第二次世界大战中的行径时，中国也会谨慎地避免干扰两国贸易的任何行为。

历史视角下的日本未来

　　最合理、最谨慎的短期预测通常看到的是"更多的不变"。然而，在更长的时段内，"突发因素"往往会改变曾经看似永恒不动的东西。第一次世界大战时日本站在英国和美国一侧，但到了第二次世界大战，它却成了敌人，然后如今它又做回了盟友。第二次世界大战结束时，日本的经济陷入一片废墟。三十年后，它被视为世界其他地区发展的榜样；如今，困扰所有发达国家的问题严重折磨着日本。日美同盟虽然符合当前的需要，但毕竟源于冷战时代的政治。随着世界变得多极化，随着欧盟、印度、巴西和东亚国家的崛起，难道制定新的安全保障措施毫无可能性吗？核武器可以在新的安全保障措施中发挥作用：在战后初期的日本，甚至提到它们都是禁忌；如今，人们讨论核武器但拒绝拥有，部分是因为日本对核"过敏"。未来还会如此吗？一旦美国减少他们的承诺，日本拥有快速生产此类武器的技术。

　　其他突发因素也会影响日本的未来。在当今世界，大量人口从贫穷国家流向富有之地。与美国和欧洲相比，移民对于岛国日本而言只是微不足道的问题。但将来是否还会如此呢？如果移民开始膨胀，后果会是什么？今天，日本使用的石油和天然气全部依赖进口。这些资源的世界供给大概可以维持一个世纪，如果没能及时发现替代型能源，未来国家之间的政治关系可能会受到干扰。疾病是一个随机发生、难以预料的因素。就像黑死病深刻影响了中世纪的欧洲一样，一种新的瘟疫可能会以闪电般的速度在当今高度相互联系的世界中迅速蔓延。科学发展的后果也很难衡量。到目前为止，人类进化的速度如此缓慢，以至于对历史发展而言无关紧要。然而，生物技术使得主动操纵基因成为可能，从而造成异常明显的变化。现在下结论说这些病不会发生是过于草率的。

未来需要考虑的另一个因素是日本议会政府的持久性。学者们争论民主是否只是 18 世纪欧洲的偶然产物，尽管并不完美却随着西化的潮流在世界各地传播；或者正如杰斐逊所认为的那样，人权确实是人性的基础，随着人民变得更加现代，代议制政府将不可避免地兴起？作为最先进的非西方民主国家，日本提供了一个极重要的测试案例。

现代日本政治史上几乎没有民主英雄——没有华盛顿、杰斐逊、林肯或者罗斯福。即使在今天，当报纸社论呼吁强有力的新一代领导人挺身而出拯救日本摆脱其所面临的问题时，他们经常提及"明治人"——那些武士出身、意志坚强、态度实用的日本现代国家的缔造者，或者吉田茂——战后初期的独裁者。不过，同样正确的是，日本刚刚对西方开放，自由派思想家就涌现出来了。福泽谕吉在 1872 年写道："天不生人上之人，也不生人下之人，这就是说天生的人一律平等"。1874 年，板垣退助和其他政治家请求即刻组建由选举产生的国民议会。1881 年，大隈重信要求建立一个英国式的议会。国会于 1890 年成立后，政党在其中掌握了权力。美浓部达吉和吉野作造等思想家试图在权力扩张的议会政府与日本战前的天皇制之间加以调和。

20 世纪 30 年代，尽管民族主义的中道保守政党——没有一个单一的形容词足以描绘他们的特性——控制了国会，日本仍然沦为军国主义国家。日本民众没有投票选出支持军国主义的首相上台；首相是由"天皇侧近"任命的。今天，这样的人已不存在。占领期改革建立在战前的议会制遗产之上。自 1952 年日本重新获得主权以来，选举政治一直充满活力，尽管偶尔会有丑闻，也存在对政治家的普遍不信任。如今，一些政治家想要修改宪法，但他们的提议既不会削弱众议院的权力，也不会降低选举过程的重要性。随着 21 世纪的到来，代议制政府已经成为日本传统的一部分，一般的难题并不足以颠覆它。

东京国会大厦宽敞的门厅里设有四个基座。建立议会政府的战前先驱者的雕像占据了其中三个：创立了日本第一个政党的板垣退助；创立了第二个政党并两次出任首相的大隈重信；明治宪法之父与四次出任首相的伊藤博文。第四个基座是空的，保留给民主政府的未来英雄。

思考

1. 在某些方面，战后的议会政治类似于 20 世纪 20 年代的政治，但更为重要的是两者之间的差异。试讨论。

2. 日本在战后时期经济快速增长的原因是什么？为什么它会放缓之后甚至几乎停滞？

3. 再过二十年，日本的战后历史将与其战前的现代历史一样长，但战前的变化似乎更为根本。试讨论。

4. 社会的任何变化都必须固定在某些不变的事物之上，因为如果一切都改变了，社会就会崩溃。你同意这种观点吗？你如何将你的答案应用于战后日本？

5. 美国在西太平洋地区的长期利益是什么？日本在东亚的利益是什么？美国对日政策的目标应该是什么？

延伸阅读

第一章　日本历史：从起源到 12 世纪

M. ADOLPHSON, *The Gates of Power*：*Monks*, *Courtiers*, *and Warriors in Premodern Japan*（2000）. 一部新出的阐释性著作，强调了寺院在平安及镰仓时代政治生活中的重要性。

B. L. BATTEN, *To the Ends of Japan*：*Premodern Frontiers*, *Boundaries*, *and Interactions*（2003）.

C. BLACKER, *The Catalpa Bow*（1975）. 关于当代民间神道（它的根源在古代日本）饶有趣味的、带有同情心的研究。

R. BORGEN, *Sugawara no Michizane and the Early Heian Court*（1986）. 对著名朝臣与诗人的研究。

D. BROWN, ed., Vol. 1 of the *Cambridge History of Japan*：*Ancient Japan*（1993）. 多人合著。

M. COLLCUTT, *Five Mountains*（1980）. 对禅修的研究。

T. D. CONLON, *State of War*：*The Violent Order of Fourteenth Century Japan*（2003）.

E. CRANSTON, *The Secret Island and the Enticing Flame*（2009）. 日本早期诗歌的翻译。

W. W. FARRIS, *Sacred Texts and Buried Treasures*（1998）. 关于日本史前史与早期历史的研究，基于日本方面最近的研究成果。

W. W. FARRIS, *Heavenly Warriors*：*The Evolution of Japan's Military*, 500—1300（1992）. 关于这一主题的深入研究。

W. W. FARRIS, *Population*, *Disease*, *and Land in Early Japan*, 645–

900（1985）. 对于早期历史的创造性再解释。

K. F. FRIDAY, *The First Samurai*（2008）. 关于 10 世纪平将门之乱的研究。

K. F. FRIDAY, *Hired Swords: The Rise of Private Warrior Power in Early Japan*（1991）. 本书的阐释可以与 Farris 的 *Heavenly Warriors* 对比。

J. W. HALL, *Government and Local Power in Japan, 500-1700: A Study Based on Bizen Province*（1966）. 对于到 1700 年为止的日本历史，这是最好的著作之一。

D. KEENE, ed., *Anthology of Japanese Literature from the Earliest Era to the Mid-Nineteenth Century*（1955）. 容纳了本章涉及时期以及之后时期的基本史料集。

T. LAMARRE, *Uncovering Heian Japan: An Archeology of Sensation and Inscription*（2000）.

I. H. LEVY, *The Ten Thousand Leaves*（1981）.《万叶集》的优秀译本。

I. MORRIS, trans., *The Pillow Book of Sei Shnagon*（1967）. 古代日本的简奥斯丁对平安宫廷的敏锐观察。

S. MURASAKI, *The Tale of Genji.* 这部作品有三个出色的译本: by A. Waley in 1952, E. G. Seidensticker in1976, and R. Tyler in 2001. 对照阅读将收获颇丰。

R. J. PEARSON et al., eds., *Windows on the Japanese Past: Studies in Archaeology and Prehistory*（1986）.

D. L. PHILIPPI, trans., *Kojiki*（1968）. 日本古代神话。此书是最佳的译本，尽管名字的拉丁文转写古怪到令人恼火。

J. PIGGOT, *The Emergence of Japanese Kingship*（1997）.

J. N. RABINOVITCH, trans., *Shōmonki: The Story of Masakado's Rebellion*（1986）. 10 世纪平将门反抗京都朝廷的故事。

E. O. REISCHAUER, *Ennin's Diary: The Record of a Pilgrimage to China in Search of the Law* and *Ennin's Travels in T'ang China*（1955）.

E. O. REISCHAUER and A. M. Craig, *Japan: Tradition and Transformation*

（1989）.一部贯穿从文明伊始到 20 世纪 80 年代全部历史年代的详尽著作。

D. H. SHIVELY and W. H. McCullough, *The Cambridge History of Japan*: *Heian Japan*（1999）.作者很多，讨论的主题也很多。

Sources of the Japanese Tradition（*second edition* 2005）compiled by W.T. de Bary, C. Gluck, and A. E. Tiedemann, and *Sources of the Japanese Tradition*（*first edition* 1958）, compiled by R. Tsunoda, W. T. de Bary, and D. Keene.这两部书是集录日本各个历史时代宗教、政治、哲学方面原始文献的最佳著作。两部著作的的章节标题相近，收录内容有某些重复，但并不很多。

H. TONOMURA, *Community and Commerce in Late Medieval Japan*（1992）.

H. P. VARLEY, *Imperial Restoration in Medieval Japan*（1971）.

第二章　中世日本：12 世纪至 16 世纪

M. E. BERRY, *The Culture of Civil War in Kyoto*（1994）.关于 15 世纪和 16 世纪京都的富有洞察力的研究。

M. E. BERRY, *Hideyoshi*（1982）.对这位 16 世纪日本统一者的研究。

D. BROWN and E. Ishida, eds., *The Future and the Past*（1979）.一部 1219 年写成的日本史书的译本。

M. COLLCUTT, *Five Mountains*（1980）.关于中世禅宗组织的研究。

T. CONLAN, *In Little Need of Divine Intervention*: *Takezaki Suenaga's Scrolls of the Mongol Invasions of Japan*（2001）.

P. DUUS, *Feudalism in Japan*（1969）.关于这一主题的一部思考周密同时文字易读的纵览。

W. FARRIS, *Japan's Medieval Population*: *Famine, Fertility, and Warfare in a Transformative Age*（2006）.

K. FRIDAY, *Samurai, Warfare, and the State in Early Medieval Japan*（2004）.

S. GAY, *The Moneylenders of Late Medieval Kyoto*（2001）.

A. E. GOBLE, *Go-Daigo's Revolution*（1996）. 关于 1331 年欲夺回政权的天皇兴兵讨幕的事件，这部著作的记录发人深省。

J. GOODWIN, *Selling Songs and Smiles*：*The Sex Trade in Heian and Kamakura Japan*（2007）.

J. W. HALL, K. Nagahara, and K. Yamamura, eds., *Japan Before Tokugawa*（1981）. 收录了讨论中世日本的诸多论文。

D. KEENE, ed., *Twenty Plays of the Nō Theatre*（1970）. 这些中世戏剧是绝佳的文化资料。

J. P. MASS, ed., *The Origins of Japan's Medieval World*：*Courtiers，clerics，warriors，and peasants in the fourteenth century*（1997）.

N. MCMULLIN, *Buddhism and the State in Sixteenth Century Japan*（1984）. 织田信长的宗教政策。

H. SATO, *Legends of the Samurai*（1995）. 摘录了许多物语与著作。

E. SEGAL, *Coins，Trade，and the State*：*Economic Growth in Early Medieval Japan*（2010）.

H. TONOMURA, *Community and Commerce in Late Medieval Japan*：*The Corporate Villages of Tokuchin-ho*（1992）. 记录了镰仓时代与足利时代一个小村庄的历史。

H. P. VARLEY, *Imperial Restoration in Medieval Japan*（1971）. 关于 1331 年天皇夺回政权举动的研究。

H. P. VARLEY, *The Onin War*：*History of Its Origins and Background with a Selective-Translation of the Chronicle of Ōnin*（1967）.

K. YAMAMURA, ed., Vol. 5 of the *Cambridge History of Japan*：*Medieval Japan*（1990）. 内有一流学者撰写的章节。

第三章　德川统治时代

M. E. BERRY, *Japan in Print*：*Information and Nation in the Early*

Modern Period（2006）. 17 世纪的地图与其中蕴含的民族意识之诞生。

M. E. BERRY, *The Culture of Civil War in Kyoto*（1994）.H. BOLITHO, *Treasures Among Men*：*The Fudai Daimyo in Tokugawa Japan*（1974）. 关于谱代大名的深入研究。

C. R. BOXER, *The Christian Century in Japan*, 1549–1650（1951）.

M. CHIKAMATSU, *Major Plays of Chikamatsu*, trans. by D. Keene（1961）.

R. P. DORE, *Education in Tokugawa Japan*（1965）. A pioneer study.

G. S. ELISON, *Deus Destroyed*：*The Image of Christianity in Early Modern Japan*（1973）. 关于德川时代早期迫害基督教的一部引人入胜的研究。

G. GOODMAN, *Japan and the Dutch*（2000）. 论兰学在日本的接受。

J. W. HALL, ed., Vol. 4 of *The Cambridge History of Japan*：*Early Modern Japan*（1991）. 一流学者撰写的章节。

J. W. HALL and M. JANSEN, eds., *Studies in the Institutional History of Early Modern Japan*（1968）. 关于德川体制极富洞见的论文集。

S. HANLEY, *Everyday Things in Premodern Japan*（1997）.

H. S. HIBBETT, *The Floating World in Japanese Fiction*（1959）. 关于德川时代早期文学著作的研究，十分易读。

D. L. HOWELL, *Capitalism from Within*：*Economy*，*Society*，*and the State in a Japanese Fishery*（1995）.

E. IKEGAMI, *Bonds of Civility*：*Aesthetic Networks and the Political Origins of Japanese Culture.*（2005）

M. JANSEN, ed., Vol. 5 of *The Cambridge History of Japan*：*The Nineteenth Century*（1989）. 知名学者撰写主题章节，对象既涉及德川时代晚期，也涉及明治时代早期。

K. KOKICHI, *Musui's Story*, trans. by T. Craig（1988）. 关于反叛的青年武士的流浪汉小说式自传。他成年后成为一名饮酒作乐、分文不值的武士。这部作品和《忠臣藏》，哪一个呈现的是更为真实的德川时代武士风貌呢?

D. KEENE, trans., *Chūshingura*, *The Treasury of Loyal Retainers* (1971). 讲述四十七名浪人为旧主复仇的木偶戏。一部令人享受的作品。

M. MARUYAMA, *Studies in the Intellectual History of Tokugawa Japan*, trans. by M. Hane (1974). 由一位现代日本最伟大的学者完成的开创性研究。此书将正统儒学比作欧洲中世纪的唯实论,古学派则类似唯名论。

H. J. L. MCCLAIN, et. al., *Edo and Paris*: *Urban Life and the State in the Early Modern Era* (1994).

K. W. NAKAI, *Shogunal Politics* (1988). 研究新井白石的德川政府构想的佳作。

P. NOSCO, ed., *Remembering Paradise*: *Nativism and Nostalgia in Eighteenth Century Japan* (1990).

H. OOMS, *Tokugawa Village Practice*: *Class*, *Status*, *Power*, *Law* (1996).

H. OOMS, *Charismatic Bureaucrat*: *a Political Biography of Matsudaira Sadanobu*, 1758—1829 (1975). 关注了德川时代的伟大改革家之一。

M. RAVINA, *The Last Samurai*: *the Life and Battles of Saigo Takamori* (2004).

M. RAVINA, *Land and Lordship in Early Modern Japan* (1999). 对德川时代三处藩国所作的社会政治学研究。

L. ROBERTS, *Mercantilism in a Japanese Domain*: *the Merchant Origins of Japanese Nationalism in Eighteenth Century Japan* (1994).

I. SAIKAKU, *The Japanese Family Storehouse*, trans. by G. W. Sargent (1959). 一部生动讲述了 17 世纪日本商人生活的小说。

G. B. SANSOM, *The Western World and Japan* (1950). 包含有趣的文化资料。

T. C. SMITH, *The Agrarian Origins of Modern Japan* (1959). 德川时代日本农业与农村社会组织的进化。一部佳作。

R. P. TOBY, *State and Diplomacy in Early Modern Japan*: *Asia in the*

Development of the Tokugawa Bakufu（1984）. 即便在锁国时代，依然有贸易往来。

C. TOTMAN, *Green Archipelago*: *Forestry in Preindustrial Japan*（1989）. 历史与环境。

C. TOTMAN, *Tokugawa Ieyasu*: *Shogun*（1983）. 此书成功地将那个征战不息的时代传达给了读者。

C. VAPORIS, *Breaking Barriers*: *Travel and the State in Early Modern Japan*（1994）.

K. YAMAMURA and S. B. HANLEY, *Economic and Demographic Change in Preindustrial Japan*, 1600—1868（1977）. 讨论主题包含江户时代的生育控制。

M. YONEMOTO, *Mapping Early Modern Japan*: *Space*, *Place*, *and Culture in the Tokugawa Period.*（2003）.

第四章　现代日本，1853—1945 年

G. C. ALLEN, *A Short Economic History of Modern Japan*（1958）.

A. BARSHAY, *The Social Sciences in Modern Japan*: *The Marxian and Modernist Traditions*（2004）.

J. R. BARTHOLOMEW, *The Formation of Science in Japan*（1989）. 关于这一主题的先驱性英文著作。

W. G. BEASLEY, *Japanese Imperialism*, 1894—1945（1987）. 一部描述很好的书。

G. M. BERGER, *Parties Out of Power in Japan*, 1931—1941（1977）. 对军国主义时代政党的分析。

A. M. CRAIG, *Civilization and Enlightenment*: *The Early Thought of Fukuzawa Yukichi*（2009）. 苏格兰启蒙运动的历史进步观念与这些观念在日本明治时代变革过程中的传播与应用。

A. M. CRAIG, *Chōshū in the Meiji Restoration*（1961, 2000）. 关于

1840 年至 1868 年长州藩情况的研究，长州藩是日本的普鲁士。

A. M. CRAIG and D. H. SHIVELY（eds.），*Personality in Japanese History*（1970）. 本书作者尝试将个性与个人角色作为历史解释的因素加以评估。

P. DUUS，*Japan's Wartime Empire*，1931-1945（1996）.P. DUUS，*The Abacus and the Sword：The Japanese Penetration of Korea*，1895—1910（1995）. 一部优秀的分析。

P. DUUS，*Party Rivalry and Political Change in Taishō Japan*（1968）. 1910 年代与 1920 年日本的政治变革。

S. J. ERICSON，*The Sound of the Whistle：Railroads and the State in Meiji Japan*（1996）. 对日本现代化过程中铁路的角色所作的生动的分析研究。

Y. FUKUZAWA，*Autobiography*（1966）. 日本 19 世纪的伟大思想家谈论他的人生与现代日本的诞生。

S. GARON，*The Evolution of Civil Society：From Meiji to Heisei*（2002）.

S. GARON，*The State and Labor in Modern Japan*（1987）. 本书应与下列 A. Gordon 的著作并读。

C. N. GLUCK，*Japan's Modern Myths：Ideology in the Late Meiji Period*（1988）. 分析丰富。

A. GORDON，*The Evolution of Labor Relations in Japan：Heavy Industry*，1853—1955（1985）. 对现代日本劳工诞生所作的优秀分析。

I. HALL，*Mori Arinori*（1973）. 对日本第一任文部大臣所作的思想与政治传记。

T. R. H. HAVENS，*The Valley of Darkness：The Japanese People and World War II*（1978）. 战时日本社会史。

A. IRIYE，*After Imperialism：The Search for a New Order in the Far East*，1921—1931（1965）.（关于日本的国际关系，请阅读同一作者的其他作品）

M. B. JANSEN and G. ROZMAN（eds.），*Japan in Transition from Tokugawa to Meiji*（1986）. 研究 19 世纪日本转型的一系列富有洞见的文

章，出自多位作者之手。

W. JOHNSTON, *The Modern Epidemic*: *A History of Tuberculosis in Japan*（1995）. 资料取材多样——医学、社会与文学。

D. KEENE, ed., *Modern Japanese Literature*: *An Anthology*（1960）. 现代日本短篇故事与小说章节的选集。

Y. T. MATSUSAKA, *The Making of Japanese Manchuria*, 1904—1932（2001）. 关于日本帝国主义 20 世纪 30 年代起源的关键研究。

J. W. MORLEY, ed., *The China Quagmire*（1983）. 关 于 1933 年 至 1941 年间日本侵略中国的研究（请参阅同一作者的外交史著作）。

R. H. MYERS and M. R. PEATTIE, eds., *The Japanese Colonial Empire*, 1895—1945（1984）.

T. NAJITA, *Hara Kei in the Politics of Compromise*, 1905—1915（1967）. 关于日本伟大政治领袖的优秀研究。

K. OHKAWA and H. ROSOVSKY, *Japanese Economic Growth*: *Trend Acceleration in the Twentieth Century*（1973）.

G. SHIBA, *Remembering Aizu*: *The Testament of Shiba Gorō*（1999）. 一位来自维新战争时遭到摧毁的藩国的青年武士讲述了德川时代末期与明治时代初期日本的艰辛岁月。

E. SHIBUSAWA, *The Autobiography of Shibusawa Eiichi*: *From Peasant to Entrepreneur*（1994）. 日本现代工业奠基人之一的生涯。

K. SMITH, *A Time of Crisis*: *Japan*, *the Great Depression*, *and Rural Revitalization*（2001）. 对 20 世纪 30 年代早期日本农村重建中的传统与现代因素所作的分析。

E. P. TSURUMI, *Factory Girls*: *Women in the Thread Mills of Meiji Japan*（1990）. 将经济史与女性史加以结合的著作。

W. WRAY, *Mitsubishi and the N.Y.K.*, 1870—1914（1984）. 关于现代日本船运业成长的重要研究，也触及政府、官僚策略与帝国主义等主题。

第五章 当代日本

G. BERNSTEIN, *Haruko's World: A Japanese Farm Woman and Her Community*（1983）. 此书研究了一位农村女性在战后日本变动的一生。

T. BESTOR, *Tsukiji: The Fish Market at the Center of the World*（2004）. 描绘了筑地市场独特的日本风景。

G. L. CURTIS, *Election Campaigning Japanese Style*（2009）.

G. L. CURTIS, *The Logic of Japanese Politics: Leaders, Institutions, and the Limits of Change*（1999）.

M. H. CUSUMANO, *The Automobile Industry*（1985）. 丰田与日产在战后日本的较量。

R. P. DORE, *City Life in Japan*（1999）. 一部很好读的经典社会学研究。

P. DUUS, ed., Vol. 6 of *The Cambridge History of Japan: The Twentieth Century*（1988）. 诸多作者的论文集。

S. GARON, *The Evolution of Civil Society: From Meiji to Heisei*（2006）.

T. S. GEORGE, *Minamata: Power, Policy, and Citizenship in Postwar Japan*（2001）. 关于水俣工业污染事件是如何被揭露出来的研究，这一过程揭示了从地方政治到全国政治的运作机制。

A. GORDON, *A Modern History of Japan*（2009）.

H. HIBBETT, ed., *Contemporary Japanese Literature: An Anthology of Fiction, Film, and Other Writing Since* 1945（1977）. 文笔生动的战后小说翻译集。

C. JOHNSON, *MITI and the Japanese Miracle: The Growth of Industrial Policy, 1925–1975*（1982）. 讨论了通产省这个政府强力部门的角色。

Y. KAWABATA, *The Sound of the Mountain*（1970）. 诺贝尔获奖作家作品的出色译本。

J. NATHAN, *Sony: The Private Life*（1999）. 从创业者的个性与商业决策角度讲述的索尼公司成长史，可读性很强。

D. OKIMOTO, *Between MITI and the Market*（1989）. 讨论了政府与私

营企业在战后日本经济发展中的相对角色。

S. PHARR, *The State of Civil Society in Japan*（2003）.

S. PHARR, *Media and Politics in Japan*（1996）.

K. PYLE, *Japan Rising*: *The Resurgence of Japanese Power and Purpose*（2007）. 对当今日本与其政策转变的解释。

E. O. REISCHAUER, *The Japanese*（1977）. 记录了当代日本的诸多方面，通俗易懂。

E. F. VOGEL, *Japan as Number One*: *Lessons for America*（1979）. 尽管已经过时并且过分乐观，这部对日本经济增长源头的社会学分析仍然富有洞察力。